敦煌医学研究大成

总主编　李金田

敦煌医学与转化教育部重点实验室组织
中医学、中药学、中西医结合等学科编写

诊　法　卷

主编　田永衍

全国百佳图书出版单位
中国中医药出版社
·北 京·

图书在版编目（CIP）数据

敦煌医学研究大成. 诊法卷 / 李金田总主编；田永衍主编 .—北京：
中国中医药出版社，2022.3
ISBN 978 - 7 - 5132 - 7383 - 1

Ⅰ.①敦…　Ⅱ.①李…②田…　Ⅲ.①敦煌学—中国医药学—
研究 ②中医诊断学　Ⅳ.① K870.64 ② R241

中国版本图书馆 CIP 数据核字（2022）第 005385 号

中国中医药出版社出版

北京经济技术开发区科创十三街 31 号院二区 8 号楼
邮政编码　100176
传真　010-64405721
河北省武强县画业有限责任公司印刷
各地新华书店经销

开本 710×1000　1/16　印张 15.25　字数 207 千字
2022 年 3 月第 1 版　2022 年 3 月第 1 次印刷
书号　ISBN 978 - 7 - 5132 - 7383 - 1

定价　78.00 元
网址　www.cptcm.com

服 务 热 线　010-64405510
购 书 热 线　010-89535836
维 权 打 假　010-64405753

微信服务号　zgzyycbs
微商城网址　https://kdt.im/LIdUGr
官 方 微 博　http://e.weibo.com/cptcm
天猫旗舰店网址　https://zgzyycbs.tmall.com

如有印装质量问题请与本社出版部联系（010-64405510）

虎峻瑞（银川市第三人民医院）

金　华（甘肃中医药大学）

段永强（甘肃中医药大学）

袁仁智（甘肃省中医院）

曹　晴（甘肃中医药大学）

梁永林（甘肃中医药大学）

谢兴文（甘肃省中医研究院）

蔺兴遥（甘肃中医药大学）

《敦煌医学研究大成·诊法卷》编委会

陈 序

"敦者，大也。煌者，盛也。"敦煌，这个诗一般的名字，既是历史上该地区社会经济贸易和文化状况的实情描述，也是对国际显学——"敦煌学"博大精深内涵的高度概括。敦煌石窟实乃一座"艺术的殿堂"，发现于 1900 年的敦煌藏经洞，从中出土了公元 4～11 世纪的佛教经卷、社会文书、刺绣、绢画、法器等文物 5 万余件。这一震惊世界的发现，为研究中国及中亚古代历史、地理、宗教、经济、政治、民族、语言、文学、艺术、科学技术提供了数量相当巨大、内容极为丰富的珍贵资料，因而被誉为"中古时代的百科全书""古代学术的海洋"。

敦煌文化是一种多元交融、包容开放的"和谐"文化。不同民族、国家和地区的人们在这个舞台上进行着经济、文化的交流、碰撞和融合，共同推动了社会的发展和文明的进步。各种文化在这里汇聚，各美其美，美人之美，美美与共。因为多元共存，敦煌壁画才显得崇高唯美、鲜活生动；因为开放包容、和谐共存，敦煌遗书才成为了"学术的海洋"。著名敦煌学者季羡林先生指出："世界上历史悠久、地域广阔、自成体系、影响深远的文化体系只有四个：中国、印度、希腊和伊斯兰，没有第五个；而这四个文化体系汇流的地方也只有一个，那就是中国的敦煌和新疆地区，再没有第二个。"在这种多元文化的浇灌下，催生出一朵朵艳丽的艺术和科技奇葩，而敦煌中医药文献则被学术界誉为是"敦煌学"中的新宠。

自 1915 年春罗振玉得"《本草经集注·序录》残卷"并影印

刊行，敦煌遗书医学卷首次面世至今已阅百年。在此期间，国内外的学者们对敦煌中医药文献的整理研究一刻也没有停止过。然相比较而言，20 世纪 70 年代以前为初步整理、原件复制及个别卷子研究阶段。

1959 年，我曾在《人民保健》第二卷上发表《关于敦煌石室旧藏〈伤寒论·辨脉法〉残卷》的论文，是根据当年中医研究院院长鲁之俊出访英伦带回的大英博物馆原件照片考证的，此照片材料当年交由我整理研究。其主要内容经研究整理结果如下：

《伤寒论·辨脉法》残卷的名称问题：由于该残卷卷首缺，无题，所以关于残卷的名称问题，学者们有不同的看法，罗福颐称之为《脉经》残卷，日本学者渡边幸三则称之为《伤寒论》残卷或《辨脉法》残卷。前者称之为《脉经》残卷，我们认为易与王叔和《脉经》相混淆；后者称之为《伤寒论》残卷或《辨脉法》残卷，我们认为亦不够明确。经我与陈维养教授详细核对，其内容与现存的《伤寒论·辨脉法》大致相同，不过因残卷卷首缺，作者未能肯定，所以不能贸然称之为《张仲景伤寒论·辨脉法》残卷，但我们认为称之为"《伤寒论·辨脉法》残卷"较为妥当。

《伤寒论·辨脉法》残卷抄写年代的推测：因为该残卷系敦煌石室的旧藏，所以在推测残卷的抄写年代之前，有必要简略地讨论一下残卷何时传入敦煌的问题。敦煌位于我国西北，自汉时起它便是我国通向西域的孔道。西汉张骞出使西域以后，中国与西域的交通就很频繁。魏晋南北朝时，由于国内连年混战及外族侵入，汉族南迁，所以对西域的交通便远逊于前，甚至中断。隋统一中国（581 年）以后，人民生活较为安定，生产力也有提高，促进了经济和文化的发展，与西域通商的需要亦随之而来。所以隋炀帝时与西域的通路就有北道、中道及南道三路，其中北道、中道是经过敦煌的，可见敦煌在隋朝时是相当重要的地方。唐朝，特别是自唐太宗至唐玄宗的百年中，继承隋朝，经营西域有加无已，自开元以后，对外交通除陆路外尚有繁盛的海路（南可通印度、南洋、波斯、大食，北可通日本、朝鲜），但对西域的交通则大不如前，尤其是公元 763 年"安史之乱"以后，河陇一带被吐蕃所占，其后虽曾收复，但唐亦无力控制，因此经敦煌至西域的道路就陷于冷落的地位。交通的繁盛必然带来文化的交流。以上简短的回顾说明，自汉代起就有经敦煌和西域通商及文化交流的历史。但如认为残卷早在汉时便传入敦煌的话，那显然是不可能的。因为从书写字体上看，残卷的字体是楷书，而汉时尚盛行隶书。至于魏晋南北朝虽已用楷书，但从其与西域交通的情况来看，可能性是极小的。由此可见，残卷以隋末唐初传入敦煌的可能性最大。同时，在敦煌石室所发现的文物中也以唐初的为最多，这也说明了上述的可能性。

应当提及的是，残卷中有许多字没有避讳，如坚（杨坚，隋文帝，581—605 年）、世（李世民，唐太宗，627—649 年）、治（李治，唐高宗，650—683 年）等。残卷中未避讳的可能因素有二：一因残卷非官书，避讳可以不严格；二为残卷的抄写年代可不在以上三个皇帝在位之时，但可在隋末唐初的其他时间。

总之，我与陈维养教授认为，残卷的抄写年代在隋末唐初的可能性最大。这也说明《辨脉法》的著作年代很可能在隋末唐初，或者更早些。

我与陈维养教授曾对《伤寒论·辨脉法》残卷与现存《伤寒论·辨脉法》做了比较：在对《伤寒论·辨脉法》残卷（以下简称残卷）与成无己《注解伤寒论》（以下简称成本）、赵开美重刻宋本《伤寒论》（以下简称赵本）及康熙年间陈世杰重刻《金匮玉函经》（或称《伤寒论别本》）（以下简称玉函）中的辨脉法内容做了比较，发现了以下几个问题：

其一，《伤寒论·辨脉法》残卷中有四段文字为成无己《注解伤寒论》及赵开美重刻宋本《伤寒论·辨脉法》中所没有的。今抄录于下：

喓喓如吹榆荚名曰数。

趺阳脉微涩，少阴反坚，微即下逆，则躁烦，少阴紧者，复即为难，汗出在头，谷气为下，复难者，愈微溏，不令汗出，甚者，遂不得便，烦逆鼻鸣，上竭下虚，不得复通。

脉虚而不吐下发汗，其面反有热，令色欲解，不能汗出，其身必痒。

趺阳脉浮而微，浮则为虚，微即汗出。

其二，在核对过程中我们发现，残卷与《金匮玉函经·辨脉法》间之出入较少，而与成本及赵本之"辨脉法"出入较多，成本、赵本相互间出入亦少。这可能因为《金匮玉函经》自元佚后至清重现，其间后世未有更多文字上的修订之故。所以，残卷的出现，对于校勘《伤寒论·辨脉法》是有一定意义的。

其三，残卷文字较为简洁，"者""也"之类文字较少，成本与赵本则较多，玉函次之。这可能因为当时印刷术尚未发明，纸张的使用也不如今日普遍而方便，能省去的字尽量省略，所以文字较为简洁。

关于《金匮玉函经》是否清代伪托的问题：清代陈世杰重刻的《金匮玉函经》有人认为是清代伪托的，但也有人不同意，意见颇不一致。我们在对照敦煌旧藏《伤寒论·辨脉法》残卷与现存《伤寒论·辨脉法》的内容时发现，成本及赵本中所缺的四段文字在《金匮玉函经》中都有。此外，上面已经提到，《金匮玉函经·辨脉法》与残卷间文字出入较成本、赵本"辨脉法"与残卷间的文字出入为少。这些有力地说明，康熙年间陈世杰重刻的《金匮玉函经》系清代伪托的说法是值得商榷的。

我们认为，敦煌石室旧藏的《伤寒论·辨脉法》残卷对于研究仲景著作具有一定的价值。

唐诗云："沉舟侧畔千帆过，病树前头万木春""春来遍是桃花水，不辨仙源何处寻"。对敦煌中医药学文献的研究，自20世纪80年代以来便进入了系统整理、全面研究和蓬勃发展的阶段。成立于20世纪70年代末的甘肃中医药大学，早在建校之初就开展了对敦煌中医药文献的研究，并代有传人，学者辈出，取得了辉煌的研究成果。赵健雄教授的"敦煌医学研究"课题得到了当时国家教委（教育部）的立项资助，首次提出了"敦煌医学"的概念，确立了敦煌医学系敦煌学分支的地位。

继其后者有李金田、李应存教授等，对敦煌医学文献研究有素，是当代敦煌医学研究的著名学者。自2015年起，我组织编纂"中华文化与中医学"系列丛书，由他的学术团队编写的《敦煌文化与中医学》，以独特的敦煌文化内涵立意，核心要素凝练升华到位，论证说明内容充实，从文化的大背景下审视中医学术发展的内在原因所在，取得新进展。

到了2019年，李金田教授的团队又对敦煌医学研究的成果进行了全面的梳理总结，以《敦煌医学研究大成》丛书的规模呈现给同行学者和广大读者。在分卷中，除对《诊法卷》《医方卷》《本草卷》《针灸卷》等传统基本内容的研究成果集中展示外，还对当今备受读者关注和青睐的《养生杂论卷》进行了挖掘整理。另外，《形象医学卷》《藏医学卷》和《专著与人物卷》的设立也很有创意，不仅使敦煌医学的内涵更加丰富，同时也将所有在敦煌医学研究领域有一定影响的学者及其著作推而广之，为学习和研究者提供了更加广阔的平台与空间。该套丛书的编纂，无疑是敦煌医学研究成果的集大成者，对广大的同行学者也将具有"检点行装再出发"的现实意义。

《敦煌医学研究大成》丛书即将陆续付梓面世，金田教授邀我作序，谨以此序祝贺本书面世。

陈可冀

2019 年 12 月于北京

*陈可冀：中国中医科学院教授，中国科学院院士，国医大师。

郑　序

在敦煌壁画和敦煌文献之中，敦煌医学图像资料相对研究的人少一些。敦煌医学研究主要集中在敦煌文献资料中，就这些文献资料来说，主要有医理方面的资料，更多的是本草类医学文献、医方类医学文献、针灸类医学文献和养生类医学文献，敦煌医学的研究也主要集中在这些方面，甘肃中医药大学有从事敦煌中医研究的传统，而且成果卓著。

我留校初期，1983年中国敦煌吐鲁番学会成立之后，开始对敦煌文献进行了有计划的整理和研究。那时作为刚从学校里出来的我，虽然在北京大学、首都师范大学、杭州大学等地方进修过，但对研究则处于懵懂状态，既没有研究方向，也不知道如何进行研究。我经常给其他老师做助教，先后做过周丕显、张代经、马明达老师的助教，特别是马明达老师，兴趣很广，而且有中医的家学传统，对敦煌医学文献兴趣浓厚，他让我跟着他从事敦煌医学文献的整理和研究。

我对医学一窍不通，一点基础都没有，从1983年后半年开始依靠着一本王重民的《敦煌遗书总目索引》，守着两柜子的敦煌微缩胶卷，开始了艰难的录文工作，为此到中医学院买了他们的教材，还有中医学原理等书，囫囵吞枣地看了很多这方面的书，特别是买了李时珍的《本草纲目》，从头到尾看了一遍。1984年年底，敦煌医学文献整理分给了中国中医研究院（现中国中医科学院）的马继兴先生。马继兴先生是有名的中医学家，因此马明达老师建议我们放弃敦煌医学文献整理研究，改行做历史、地理和敦煌史地文献的研究，以后再也没有动过敦煌中医文献，那些当年的录文还放在书房的角落里。这是我与敦煌医学研究的一段缘分。

后来甘肃中医药大学的李应存教授跟我攻读博士，主要从事俄藏敦煌医学文献的整理研究；河西学院医学院的田永衍教授从上海中医药大学博士毕业到敦煌学研究所做博士后，我是他的合作导师。他们俩是我指导过从事医学文献研究的学生。有了这层关系，我与甘肃中医药大学的合作交流慢慢多了起来。加上他们申请下来了敦煌医学国家重点实验室和甘肃省敦煌医学重点研究基地，则联系更加密切。

甘肃中医药大学有敦煌医学研究的传统，特别是将近40年持之以恒地发展敦煌医学研究，将敦煌医学作为学校的特色学科，拥有了敦煌医学的话语权，占领了敦煌医学研究和开发利用的高地，且具有无可替代的地位。尤其是李金田校长主持工作以来，对敦煌医学的推进更大，成立了敦煌医学研究及文化传承专业委员会，将敦煌医学研究推向国际，将敦煌医学的视野推向了世界。

敦煌医学研究不仅关注敦煌医学文献，还关注敦煌的其他文献研究，关注其他学科的研究成果。首先是敦煌历史文献资料的研究。敦煌地理文献记载，唐敦煌的文化建设中设置有医学。P.2005《沙州都督府图经》记载了三所学校州学、县学和医学："医学：右在州学院内，于北墙别构房宇安置。"根据《新唐书·百官志》记载，州设医学博士一人"掌疗民疾苦"。P.2657《唐天宝年间沙州敦煌县差科簿》记载："令狐思珍载五十一，翊卫，医学博士。"医学博士就是敦煌医学中教授医学知识的老师，令狐家族也是敦煌的世家大族，因此令狐思珍的医学知识具有家传性质，应当说是医学世家。P.2862《唐天宝年代敦煌郡会计牒》记载，敦煌郡草坊"合同前月日见在杂药，总贰佰陆拾斤"。乌山、双泉、第五、冷泉、广明等五成"合同前月日见在杂药，总壹佰伍拾斤叁两"。这些军队驻守的地方保存这么多草药，主要是军队将士使用，同时我们推测驻守的军队中肯定有敦煌医学培养出来的生员服役。病坊"合同前月日见在杂药，总玖佰伍拾斤贰拾枚"。制药工具有铛、釜、盆、罐、锁、刀、镬头、锹、泥漫、床、食柜、药柜、药杵、药臼、吃单、步硙、食单、鏊子、案板、手罗、拭巾、白氎、席、绯绸、盘、瓬、瓮、碗、匙、箸、木盆、食盒。病坊可能与我们今天医院的功能差不多，很可能就是敦煌地区最早的医院。从事敦煌医学研究还要关注敦煌地理文书记载的全国各地的特色物品即土贡，其中就包括名贵药材的出产地。比如 P.2522《贞元十道录》记载，当归出产于悉州、柘州、静州、保州、恭州、翼州等，麝香出产于悉州、柘州、静州、保州、霸州、恭州、翼州等，羌活出产于柘州、静州、保州、恭州等，升麻出产于霸州，大黄出产于翼州。敦煌市博物馆藏唐地志残卷也记载很多地方特色药材出产地，不同地方出产的药材其作用差别很大，用药非常注意药材的产地。这些记载都应当引起我们的关注。

晚唐五代，敦煌涌现出了一批医学家，他们对敦煌医学的发展起到了很大的推动作用。吐蕃占领敦煌之后，敦煌地区的学校制度遭到了破坏，敦煌医学同州学、县学一样被破坏，医学教育同汉文化一样从官府走向民间、走向寺院，寺学教育发展起来。其接替州学起到了培养医学人才的责任。

僧人要求有五明，五明中就有医明。从吐蕃统治时期起，一批僧人出身的医学家活跃在敦煌地区，其中有索崇恩、翟法荣等。他们既是敦煌地区的名僧，也是敦煌地区的名医。

索崇恩的医学事迹见于 P.4010+P.4615《索崇恩和尚修功德记》。其记载："性逸巢游，倚绳床而不待。劲持高操，低意下人；蕃落信知，众情恢附。虎徒祗顺，□驾先迎；劝以八关，布行十善。瓜、凉、河、陇，相节尊重。门师悲同药王，施分医术。故使道应神知，得垂加被，则天□（花）落沼，花无染着之衣；饭念香城，饭有人天之供。瓶添行潦，蟹舍无余。尊座洞户，费除积聚；求□□日，造寺办心。不求有□之财，但取自来□□。□银缕像，饰就万□；紫磨庄龛，日供千箔。闻声两集，割己纳于佛前；应响云奔，㪙负输于造寺。"索崇恩是敦煌的名僧，吐蕃和张氏归义军时期担任过都教授，吐蕃宰相和节度使都很尊重他，大中五年（851年）唐宣宗皇帝给吴洪辩的授牒中就记载了向索崇恩赐丝绸等物品，说明他的地位很高、影响力很大。

翟法荣是归义军建立之后第二任都僧统，他的事迹载于P.4660《都僧统翟和尚邈真赞并序》。其记载："前河西都僧统京城内外临坛大德三学教授兼毗尼藏主赐紫故翟和尚邈真赞。河西后都僧统京城内外临坛供奉大德都僧录兼教谕归化大法师赐紫沙门悟真撰。兹绘像者，何处贤良。翟城贵族，上蔡豪强。璧去珠移，柯叶分张。一支从宦，徙居敦煌。子孙因家，棣萼连行。间生斯息，桂馥兰芳。幼挺英灵，跱步殊常。风威卓荦，壮志昂藏。出家入道，雅范凤彰。游乐进具，止作俱防。五篇洞晓，七聚芬香。南能入室，北秀升堂。戒定慧学，鼎足无伤。俗之襟袖，释侣提纲。传灯暗室，诲喻浮囊。五凉师训，一道医王。名驰帝阙，恩被遐荒。迁加僧统，位处当阳。符告紫绶，晶日争光。机变绝伦，韵合宫商。灵山镌窟，纯以金庄。龙兴塔庙，再绘行廊。醫舍房资，供设无疆。聿修恳恳，景福禳禳。翼佺谋孙，保期永昌。成基竖业，富与千箱。天命从心，寝疾于床。世药无效，色力转尪。美角先折，今也则亡。门人聚哭，哀恸穹苍。林间水噎，殿上摧梁。一如荼毗，涕泪无侠。邈生前兮影像，笔记固兮嘉祥。使瞻攀兮盼盼，想法水兮汪汪。沙州释门法师恒安题。"他的医术被称作河西一道的医王，足见翟法荣的影响不仅仅在佛教事业上，而且他在医学上的造诣也很高。

此外还有敦煌佛教教团中法律索智岳，他的事迹载于P.4660《前沙州释门故索法律智岳邈真赞》。咸通十一年（870年）他死后，时任河西都僧统京城内外临坛供奉大德都僧录唐悟真专门为他撰写邈真赞，对他进行了高度赞颂："间生仁贤，懿德自天。早明梦幻，喜预真诠。投缁割爱，顿息攀缘。鹅珠谨护，浮囊鉴全。真乘洞晓，儒墨兼宣。六精了了，三寸便便。威仪出众，心地无偏。琢磨存念，若矢在弦。涛（陶）染靡亏，理事穷研。寒松比操，金石齐坚。上交下接，众所推先。殷勤善诱,直示幽玄。药闲中道,病释两遍。门传孝悌,习敦壁田。见探汤兮隐后,闻善士兮趋前。芳名才秀,可惜少年。奈悬蛇兮遘疾,何梦奠兮来迁。神游净界,骨瘗九泉。叹朝华兮夕落,嗟福命兮非延。三界火宅,八苦交煎。修短荣枯,业系能牵。门徒悲兮忉忉,俗感兮绵绵。贸丹青兮彩邈,笔毫记兮功镌。"

另外还有金光明寺的索法律。文德二年(889年)他死后,都僧统唐悟真也为他撰写了邈真赞。P.4660《金光明寺索法律邈真赞并序》记载:"钜鹿律公,贵门子也。丹[墀]之远派,亲怩则百从无疏。抚徒敦煌,宗盟则一族无异。间生律伯,天假聪灵;木秀于林,材充工用。自从御众,恩与春露俱柔;勤恪忘疲,威与秋霜比严。正化无暇,兼劝桑农。善巧随机,上下和睦。冀色力而坚久,何梦奠而来侵。邻人辍春,闻者伤悼。赞曰:堂堂律公,禀气神聪。行解清洁,务劝桑农。练心八解,洞晓三空。平治心地,克意真风。灯传北秀,导引南宗。神农本草,八术皆通。奈何梦奠,交祸所钟。风灯运促,瞬息那容。缋像真影,睛盼邕邕。请宣毫兮记事,想殁后兮遗踪。"称赞他精通神农本草和八种医术。

敦煌文化的特色就是中西文化交融与碰撞,特别是敦煌地区胡人在文化交流中扮演了重要的角色。敦煌医学事业同样体现出中西文化交流的特点,粟特人医学家史再盈就是其中的代表。

五代后晋时期,敦煌有个粟特人医学家,学兼中西,医术兼具中医和印度医学的造诣,敦煌文献 S.4363《后晋天福七年(942年)七月史再盈改补充节度押衙牒》记载了他的事迹:"敕归义军节度使牒。前正兵马使银青光禄大夫检校太子宾客兼试殿中监史再盈。右改补充节度押衙。牒奉处分,前件官,龙沙胜族,举郡英门。家传积善之风,代继忠勤之美。况再盈幼龄入训,寻诗万部而精通;长事公衙,善晓三端而杰众。遂使聪豪立性,习耆婆秘密之神方;博识天然,效榆附宏深之妙术。指下知六情损益,又能回死作生;声中了五脏安和,兼乃移凶就吉。执恭守顺,不失于俭让温良;抱信怀忠,无乖于仁义礼智。念以久经驱策，荣超非次之班；宪帙崇阶，陟进押衙之位。更宜纳劭，副我提携；后若有能，别加奖擢。件补如前，牒举者，故牒。天福柒年柒月贰拾壹日牒。使检校司徒兼御史大夫曹示。"司徒指归义军节度使曹元深，曹元深就是因为史再盈的医学造诣且兼具中西而擢升他为节度押衙，由此可见敦煌地区的医学家以学兼中西为荣。

敦煌药材市场上常见的药材既有出产于西域的胡椒、高良姜、荜茇、诃梨勒等，也有出产于中原的人参、橘皮、芍药等。硇砂主要出产于粟特的康国。应当说，敦煌药材市场上的大部分药材主要靠进口。敦煌的药材市场上，外来药材充斥。从敦煌文献记载看，敦煌市场上既有专门开店卖药、坐堂行医的胡人，也有长途贩运的胡商。他们把波斯、印度等西域地区的药材贩运到敦煌进行出售，同时把敦煌市场上的其他商品运到西域地区销售。因此，敦煌地区虽然出产药材不多，但是敦煌药材市场上的药材却非常丰富，有从中原地区进口的，也有从西域贩来的，还有从吐蕃贸易所得的。我们从敦煌市场上的商品可以看到敦煌在中外科技文化交流中的作用，以及这种交流发展的程度。

晚唐五代，敦煌贸易市场上之所以有大量的外来药材，主要是中外药材商人的结果。敦煌文献中有许多关于东来西往药材商人的记载。《辛巳年（981年）十二月十三日周僧正于常住库借贷油面物历》记载，壬午年二月"十四日酒伍瓮，渠北坐翟胡边买药用"。这是粟特人在敦煌开店售药的记载。本卷文书还记载，三月"九日酒壹瓮，阿柴啥胡边买药用"。这位阿柴啥不是胡人，而是吐谷浑人或吐蕃人，表明藏药在敦煌市场上也有出售，反映出当时藏汉文化在敦煌地区交流之频繁。另记载："七月一日粟壹斗买赤钱子用。"

《归义军衙内油面破历》记载了一批从事药材生意的僧人。他们中有波斯人、于阗人、印度人、凉州来的温末僧人和中原来的汉僧等。文书特别注明"廿六日支纳药波斯僧面壹斗"。所谓"纳药"，实际上是带有归义军官府垄断性质的商业贸易交换。同时也看出归义军政权对中外药材贸易非常重视。

　　西域地区出产的药材在敦煌市场上比较常见，根据敦煌文献记载，主要有胡椒、高良姜、荜茇、香附子、诃梨勒等。《某僧向大德乞药状》记载了一位僧人向当寺大德乞药治病的情况。所乞请的药有橘皮、桂心、附子、香白芷、茱萸、干姜、芍药、高良姜、草豆蔻、芎䓖、人参、胡椒、诃梨勒、黄麻、地黄、细辛、黄药、天麻、牛膝、天南星、牵牛子、茯苓、槟榔、荜茇、黄连等，其中大部分不产于敦煌地区。根据《魏书·西域传》的记载，波斯以出产胡椒、荜茇、石蜜、诃梨勒、香附子、千年枣、无食子、盐绿、雌黄等而著称。《旧唐书·西戎传》记载波斯出产无食子、香附子、诃梨勒、胡椒、荜茇等药物。由是得知，胡椒、荜茇、诃梨勒、高良姜等出产于西域地区，橘皮、桂心、干姜、芎䓖、槟榔等出产于中原南方地区。《医方》记载的所用药物中有胡椒、诃勒。诃勒即诃梨勒。特别是诃梨勒作为波斯地区的特产，在敦煌地区使用普遍。

　　《己丑年（929年）五月廿六日应管内外都僧统为道场纳色目榜》记载，当时受戒式叉尼须向普光寺方等道场纳色目中有诃梨勒："应管内外都僧统榜。普光寺方等道场纳色目等印三科。右奉处分，令置受戒道场，应管得戒式叉沙弥尼等，沿法事，准往例合有所税，人各麦油一升，掘（橛）两笙，诃梨勒两颗，麻十两，石灰一升，青灰一升，苴萁两束。诸余沿道场杂要敷具，仍仰道场司校量差发，不得偏并，妄有加减。仍仰准此条流，不在违越者。己丑年五月廿六日榜。"诃梨勒达到了每个受戒者都能交两颗的要求，足以说明诃梨勒在敦煌贸易市场上是一种比较常见的外来药物。敦煌研究院所藏《酒账》记载"廿一日，支纳诃梨勒胡酒壹瓮"，说明交纳者为胡人，是一种进口药物。除此之外，作为药物和香药进入敦煌贸易市场的也很多。《蒙学子书》药物部第十记载有龙眼、荔枝、槟榔、鳖甲、生姜、人参、胡椒、川芎、穿山甲、陈橘皮、安息香等，也表明敦煌药物市场上外来商品之丰富。矾分两种：一是铁矾，宋·陈元靓《事林广记·辛集卷之一》药石辨正记载，铁矾出自河东石灰中，色如铁黑。二是"金线矾，波斯矾是也，形状微黄味淡，如牙硝为用火溶之，以物引之，如金线者，乃真"。敦煌市场上的矾是从波斯贸易进口的金线矾还是从河东得来的铁矾，我们还没有证据说明，但是无论是来自何处，都是敦煌地区的进口商品。

大量香药由丝绸之路进入敦煌市场，故丝绸之路也称香药之路。《吐蕃占领敦煌时期乾元寺科香帖》记载："道澄下张上座……计廿一人，共科郁金、乳头、旃檀香等分共一两。戒临下法闰……法颙，准前科。道初下惠悟……法明，准前科。自省下静寂……平平，准前科。你妙灯下惠藏……普明，准前科。慈恩下杜真空……菩提。以前六件三色等香各二两，限今月十三日送纳乾元寺。"这是出家之时寺院对拟出家的僧尼科征的香药，说明这些香药在敦煌地区十分常见。

《金光明最胜王经卷第七》记载："沐浴之法，当取香药三十二味，所谓菖蒲、牛黄、苜蓿香、麝香、雄黄、合昏树、白及、芎䓖、枸杞根、松脂、桂皮、香附子、沉香、旃檀、零陵香、丁子、郁金、婆律膏、笔香、竹香、细豆蔻、甘松、藿香、苇根香、吐脂、艾纳、安息香、芥子、马芹、龙花须、白胶、青木皆等分。"这些香药有出产于龟兹、大秦、波斯、康国、漕国、天竺。就是说，这些香药基本出产于印度、波斯等地，大都是外来的。

《年代不明（980—982 年）归义军衙内面油破用历》记载："甘州来波斯僧月面七斗，油一升。牒密骨示月面七斗。廿六日支纳药波斯僧面一石，油三升。""汉僧三人，于阗僧一人，波罗门僧一人，凉州僧一人，共面二斗。""胡牒密骨示月面七斗。"牒密骨示可能是来自西域回鹘或者黠戛斯等地的商人，波斯僧很可能是商队中的景教徒，他们都是从事药材贸易的胡人。医学是中西文化交流的主要内容，敦煌不仅有胡医，还有从事医药贸易的胡商，商品中也有来自西域的药材，其身份有官员、商人，还有僧人充斥其中。

随着西域的医学家和从事医药生意的胡商进入敦煌，西域的医术也进入敦煌并得到传播。S.381《龙兴寺毗沙门天王灵验记》记载："龙兴寺毗沙门天王灵验记。本寺大德僧日进附口抄。大蕃岁次辛巳［岁］闰二月十五日，因寒食，在城官僚百姓就龙兴寺设乐，寺卿张闰子家人圆满至其日暮间，至寺看设乐。遂见天王头上一鸽，把一小石打鸽不着，误打神额上指甲许破。其夜至家卧，未睡，朦胧见一金蛇，突圆满眼上过，便惊觉怕惧，遍体流汗，两眼急痛，黑暗如漆，即知是神为害。至明，令妹牵手至神前，志心忏谢，晨夜更不离，唯知念佛。便向僧智寂处受得天王咒，念佛诵咒，经六日六夜五更，闻有语声：'何不念佛行道？'圆满思惟：'眼不见，如何行道。'又闻耳中：'但行道自有光明。'忽见一枝莲花赤黄色，并有一灯，去地三尺，亦不见有人擎。但逐灯花道行，至后院七佛堂门，灯花遂灭，便立。乃闻闹语声，乃是当寺家人在外吃酒。回至后厨门便入，片时即散。其灯花依前还见，又逐灯花，行至神前，圆满两目豁然，依前明朗，一无障碍。圆满发愿，一生施身与天王作奴供养。自尔已来，道俗倍加祈赛，幡盖不绝，故录灵验如前记。鸣钟振响觉群迷，声振十方无量度。救拔众生长夜苦，一切地狱得停酸。闻钟卧不起，护法善神嗔；现世福德薄，来世受蛇身。咸通十四年四月廿六日题记耳也。"表面看这是灵验记，实际上就是白内障手术在敦煌的典型案例。此外，同样的白内障手术案例还记载于《沙州释门都教授张金炫阇梨赞并序》。曰："阇梨童年落发，学就三冬。先住居金光明伽蓝，依法秀律师受业，门弟数广，独得升堂。戒行细微，蛾（鹅）珠谨护，上下慕德，请往乾元寺，共阴和上（尚）同居。阐扬禅业，开化道俗，数十余年。阴和尚终，传灯不绝，为千僧轨模，柄一方教主。慈母丧目，向经数年；方术医治，意（竟）不瘥退。感子至孝，双目却明；后经数年，方尽其寿。幽两寺同院，此寺同飡，如同弟兄。念其情厚，略述本事，并赞德能。炫教授门弟诸贤请知旧事。因婆两目再朗，复是希（稀）奇，笔述因由，略批少分。希哉我师，解行标奇。处众有异，当代白眉。量含江海，广运慈悲。戒珠圆洁，历落芳菲。孝过董永，母目精晖。一方法主，万国仍希。禅枝恒茂，性海澄漪。帝王崇重，节相钦推。都权僧柄，八藏蒙施。示疾方丈，世药难治。阎浮化毕，净土加滋。声闻有悟，忧苦生悲。菩萨了达，生死如之。灵神证果，留像威仪。名传万代，劫石难移。"张金炫母亲的感子至孝双目却明就是白内障手术，只不过敦煌人将其神化而已。白内障手术就是由胡人医学家带入中国的医术，它在敦煌传播足见外来医学在敦煌的影响力。

敦煌医学研究还要关注历史学的资料。

研究敦煌医学还要关注敦煌其他文献的敦煌医学资料，比如相面、解梦中的医学内容。这些既是中国古代人民生活经验的总结和实践，也是医学知识在其他学科的普及和传播。敦煌解梦文献中非常注重人的面部气色。面部气色分本色和客色，相面主要看客色，根据客色推测人的身体状况和运气。面部黄色滋润是好气色，其次黑色、白色、青色和红色都是不好的颜色。黑色、青色和白色表示身体有病，红色表示肝火旺盛，容易生气。特别是风面有尘，就是我们说的面色土苍苍的，也是不好的颜色。哪些颜色好呢？根据敦煌相书记载，眉目白黑分明，面色光白，光泽滋润，眼目鲜明，面如满月，言语清朗捷利，行走稳健，龙虎凤行，具备这些特征的肯定身体强壮，精神饱满，这与中医诊断中的"望"是一个道理。这里面毫无疑问有迷信和宗教的成分，但也有人们生活经验的总结。敦煌梦书的很多记载同样反映了人的身体状况，也是医学研究的内容。我们应当将敦煌研究的领域扩展一些，注意与其他学科的交叉，并接受其他学科的内容，这对敦煌医学的发展和提升会起到积极的作用。

李金田校长主持编纂的《敦煌医学研究大成》丛书，邀我为之写序，我对敦煌医学没有深入的研究，只能将自己的一些肤浅认识写出来，权为其研究做个引子吧！

2019 年 12 月于兰州大学

*郑炳林：兰州大学教授，长江学者，兰州大学敦煌研究所所长。

前　言

立足新时代，扛起敦煌医学研究的大旗

　　在恢宏灿烂的"敦煌学"体系中，"敦煌医学"确属新宠。

　　20世纪70年代以前，学者对敦煌文物医学史料的研究也仅限于对原件的复制和初步的整理。如1915年春，罗振玉得到日本橘瑞超从敦煌石窟中劫走我国现存最早的原抄本草学著作《本草经集注序录》残卷影印本，遂影印刊行，这是敦煌遗书医学卷的首次面世。1925年，罗振玉辑印的《东方学会丛书·敦煌石室碎金》，又收入了他从日本狩野直喜处转抄的《〈食疗本草〉残卷》。1948年，罗福颐从当时北平图书馆收存的英、法劫走的敦煌遗书照片中选取医药部分，与日本黑田源次的《法国巴黎国立图书馆藏敦煌石室医方书类纂稿》手抄本、黑田氏影印的原藏于德国普鲁士学士院的四种敦煌古医书相参照，加上罗氏家藏的卷子，共计残卷、残简50件，摹写汇集成《西陲古方技书残卷汇编》。1958年，王庆菽等发表《英国伦敦不列颠博物馆藏敦煌卷子中的古代医药方文献图片》。随着研究的逐步开展，罗振玉、王国维、李盛铎、王重民、刘铭恕、向达、罗福颐、范行准、姜亮夫等学者致力于敦煌遗书的整理和编目，其中涉及医药残卷的编目及阐述题跋者。其间也有对于个别医学卷子的专门研究，有20余篇论文发表。其中具有代表性的如：范行准的《敦煌石室藏六朝写本本草经集注校注》、日本渡边幸三的《罗振玉

敦煌本《本草集注序录》跋的商榷》、日本中尾万三的《〈食疗本草〉之考察》、侯详川的《中国食疗之古书》、戴志勋的《食疗本草之研究》、日本渡边幸三的《〈食疗本草〉的书志学研究》、洪贯之的《唐显庆〈新修本草〉药品存目的考察》、马继兴的《在我国历史上最早的一部药典学著作——唐〈新修本草〉》、尚志钧的《现存〈唐本草〉残卷的考察》、谢海洲的《补辑〈新修本草〉》、陈可冀的《关于敦煌石室旧藏〈伤寒论·辨脉法〉残卷》、马继兴的《唐人写绘灸法图残卷考》等。关于敦煌壁画中医学内容的研究,最早是周宗岐对196窟刷牙图的报道,他发表的《揩齿考——从敦煌壁画"揩齿图"谈到我国历代的揩齿、刷牙和洁齿剂》论文,揭开了研究敦煌壁画医学史料的序幕。

进入20世纪80年代,敦煌文物医学史料的研究出现了系统整理、全面研究的繁荣局面。首先是藏医文献的整理和研究。洪武娌的《敦煌石窟〈藏医杂疗方〉的医史价值》和王尧等的《敦煌本藏医学残卷介绍》最先在《中华医史杂志》1982年4期发表。紧接着,洪武娌和蔡景峰又发表了《现存最早的灸法专著——〈敦煌古藏医灸法〉残卷》。更有分量的成果是中央民族学院罗秉芬、黄布凡编译出版的《敦煌本吐蕃医学文献选编》。书中收载藏文抄写的吐蕃时期藏医文献四卷,作者精心考证,汉文翻译,并经著名藏医强巴赤列审定。藏医残卷抄写于公元8~9世纪,在《四部医典》成书之前,是迄今所见西藏最早的古文献。卷中论及多种常见病的藏医治法,以及火灸和割刺放血疗法,说明早在8世纪,藏医已具有相当水平;同时可见唐代汉、藏医学的交融和印度、波斯医学的传入,反映出当时各民族文化、各种医药学的广泛交流。

敦煌医药残卷因近古而广泛应用于散佚医籍的辑校,颇具规模的有《新修本草》和《食疗本草》两书。《新修本草》是唐政府在公元659年颁发的我国乃至世界第一部国家药典,敦煌《新修本草》残卷(P.3714、S.4534、P.3822)等存药46种,最早的抄写时间距该书颁行不到10年,朱墨杂书,极近原貌,故以该卷为可靠底本。1981年,尚志钧辑校的《唐新修本草》全书辑复本出版。《食疗本草》是唐代孟诜所撰的我国第一部食疗专著，敦煌《食疗本草》残卷（S.76）存药 26 种，朱墨分书，基本保持了原书体例。1984 年，谢海洲等辑复的《食疗本草》，即以敦煌残卷为可靠底本。随着研究人员和涉足的范围不断扩大，研究论文日益增多。如王洪图的《敦煌古医经残卷与〈素问·三部九候论〉之异文考释》、谭真的《敦煌本〈食疗本草〉残卷初探》、马继兴的《敦煌出土的古针灸图》、王惠民的《敦煌壁画刷牙图考论》、黄仑等的《敦煌石窟气功功法概要》、欧阳广瑛的《敦煌补益方中十味药物微量元素分析》、张军平等的《敦煌长寿方药延缓衰老的实验研究》、张侬的《敦煌〈脉经〉七方考》、王冀青的《英国图书馆藏〈备急单验药方卷〉的整理和复原》等。

1988 年，马继兴主编的《敦煌古医籍考释》出版。该书是系统整理研究敦煌遗书医学文献的专著。书中收载敦煌卷子医书 80 余种，分为医经类，五脏论类，诊法类，伤寒论类，医术类，医方类，本草类，针灸类，辟谷、服石、杂禁方类，佛家、道家医方类，医史资料 11 类，每种医书按照"书名""提要""原文""校注""按语"及"备考"6 项叙述，书前有"导言"，阐述敦煌医学卷子的来源、保存情况、整理研究工作、文献学特征、时代考察和学术价值。该书的特点和重要意义是：全面收载了现存可见的各种敦煌遗书中的医药文献；文献学研究精详，诸如卷子的形制、出处、成书年代、撰者、抄写年代及文字校注等，翔实可靠；简述了每种医书的主要内容、方药功用、主治、方义，以及与其他古文献资料的对照和阐发，概述了敦煌医药文献的学术价值。该书将敦煌医药文献的研究推进到系统整理研究阶段，有很高的学术价值和实用价值。

至此，敦煌医药文献的整理研究逐渐成为敦煌学中的新宠，成为敦煌宝藏中最后绽放的奇葩。

成立于 20 世纪 70 年代末的甘肃中医学院（2015 年更名为甘肃中医药大学），建院伊始就对敦煌医药文献的整理研究表现出了极大的关注。自 1984 年起，赵健雄、徐鸿达、王道坤、张绍重、丛春雨、张侬、宋贵杰、李金田、李应存、史正刚、刘喜平、李应东等百余名老师主持或参与了敦煌医药文献的整理、考订、阐发，敦煌医方的临床实践，敦煌方药的药理研究，以及敦煌医学的教学尝试等。到目前为止，35年中，已经出版的研究专著有赵健雄的《敦煌医粹》，丛春雨的《敦煌中医药全书》，刘喜平的《敦煌古医方研究》，李应存等的《俄罗斯藏敦煌医药文献释要》，李金田、戴恩来的《敦煌文化与中医学》等15部，公开发表研究论文150余篇，先后获得国家社科基金和教育部科研项目资助4项、甘肃省及兰州市科学研究项目资助20余项。特别是由赵健雄、王道坤、徐鸿达等主持完成的"敦煌医学研究"项目，首次提出了"敦煌医学"的新概念，指出其内涵是整理研究敦煌遗书、敦煌壁画，以及其他敦煌文物中医药史料的一门科学。敦煌医学是敦煌学新的分支，与敦煌文学、敦煌史地、敦煌音乐、敦煌舞蹈属同一层次，而与中医学、西医学不是并列概念。1989年，该项目通过部级鉴定，全国著名的医学史、中医文献学、中医学、敦煌学专家方药中、刘渡舟、李经纬、余瀛鳌、施萍亭、齐陈骏、周丕显等对该项研究给予了很高评价，认为"令人信服地确立了敦煌医学作为整个敦煌学分支学科的地位"，填补了敦煌学研究的空白，居国内外领先地位。1991年，该成果获得国家科技进步三等奖。"敦煌中医药馆"也于1993年获普通高等学校优秀教学成果省级一等奖、国家级二等奖，被科技部、中宣部、教育部、中国科协确定为全国青少年科技教育基地。

1994年，丛春雨团队在马继兴《敦煌古医籍考》的基础上，对敦煌医学的卷子又一次进行了较为全面的整理，涉及的卷子数量增至80余种，突出阐述了壁画医学（形象医学）的内容，初步实现了对敦煌医药文献的全面整理。

此后，以李金田、李应存、史正刚、刘喜平等为代表的新一代学者，在继续挖掘整理敦煌医学文献的基础上，将敦煌医学的研究成果成功地用于教学，开设了"敦煌医学汇讲"选修课，深受学生的好评，作为"特色教学"项目，得到教学水平评估专家的首肯。

2012 年，教育部在甘肃省批准建立了第一个以医药类基础研究与应用基础研究为主的重点实验室——"敦煌医学与转化"重点实验室，下设敦煌医学文献研究基地、敦煌医学实验研究基地、敦煌医学临床应用与转化基地 3 个基本功能平台，参与研究的专兼职科研人员达 65 人。其中教授、主任医师 37 人，具有博士学位者 28 人，涵盖中医学、敦煌学、文献学、药理学、药剂学、病理学、分子生物学、临床医学等多个学科，为敦煌医学文献、文化传承、方药应用基础及临床应用研究等奠定了坚实的基础，确定了敦煌医学学术特色的挖掘、敦煌医学文献的数字化信息提取与整理、基于甘肃中藏药资源的敦煌古医方应用基础研究、敦煌医学研究成果的转化应用等 4 个研究方向。实验室针对敦煌医学发展过程中存在的文献资料散在、信息资源共享度不高、敦煌医方及诊疗技术的机制研究不够深入、敦煌医学成果转化应用不够广泛等瓶颈问题，以敦煌医学传承研究为起点，以敦煌医学开发转化研究为重点，系统挖掘敦煌医学学术特色，推动信息资源快速查询与共享，开展敦煌医方和其他诊疗技术的基本理论及作用机制研究，推进敦煌医学成果转化。截至目前，实验室已设立开放科研基金 80 余项，实现成果转化 9 项：①院内制剂：敦煌消定膏、敦煌消痹痛贴、敦煌活络洗液、敦煌石室大宝胶囊、平胃胶囊、姜胃灵胶囊；②敦煌古方美容面膜：美白玉颜面膜、养颜消斑面膜；③其他：敦煌 272 腹带。

2015 年，李金田、戴恩来主编的《敦煌文化与中医学》，以独特的视角、翔实的史料、严谨的论证，阐明了敦煌文化与中医学思想的内在联系。其得到总主编陈可冀院士的好评，出版后荣登"2017 年度好书推荐"榜。

2016 年，我校第一附属医院（甘肃省中医研究院）潘文、袁仁智出版的《敦煌医学文献研究集成》，收录了自敦煌藏经洞发现后近百年来研究敦煌医学的论著和部分论文。其以目录概览和文章辑录的形式，从文献研究、临床应用、实验观察、其他相关研究四个方面，全方位、多层次地展示敦煌医学博大精深的内容，以为中医学人及敦煌学研究者提供学术参考。同年年底，袁仁智的导师、南京中医药大学教授沈澍农的《敦煌吐鲁番医药文献新辑校》，将敦煌医学文献的收集整理推向了一个新的水平。

2019 年，世界中医药学会联合会"敦煌医学研究及文化传承专业委员会"成立大会在甘肃省敦煌市召开，李金田教授当选为专家委员会第一届理事会会长。专家委员会将以设立敦煌医学论坛、承办学术会议、请进专家交流、派出访问学者等多种形式，增强学术氛围，扩大国内外学术影响力，推动敦煌医学的转化研究，并让敦煌医学走出馆藏、走向课堂，走出经卷、走向实践，走出国门、走向国际。

早在 20 多年前，赵健雄教授就曾对敦煌医学的研究前景做过满怀信心的展望：目前研究涉及的敦煌遗书医学卷近百卷，随着国内外敦煌遗书的不断发现和公布，医学资料还会进一步充实，尽快编辑出版一部《敦煌医学文献全集》，已为研究所急需。敦煌壁画中医学内容的全面深入考察，必将有新的发现；敦煌出土的汉简及其他文物中的医学史料，需要细致的发掘和认真整理；遗书、壁画和文物的综合研究，更有待于开拓。可以预言，随着敦煌学的发展和敦煌文物考古事业的推进，敦煌医学史料的发掘整理研究一定会有丰硕的成果和重大的发现，敦煌医学研究成果在发展应用方面，前景十分广阔。

如今，伟大祖国的中国特色社会主义发展已经进入了高质量发展的新时代，敦煌医学的文献研究也应该掀开崭新的篇章。正像习近平总书记在 2019 年 9 月 19 日视察敦煌研究院时所指出的："研究和弘扬敦煌文化，既要深入挖掘敦煌文化和历史遗存蕴含的哲学思想、人文精神、价值理念、道德规范等，更要揭示蕴含其中的中华民族的文化精神、文化胸怀，不断坚定文化自信。""要推动敦煌文化研究，服务共建'一带一路'，加强同沿线国家的文化交流，增进民心相通。要加强敦煌学研究，广泛开展国际交流合作，充分展示我国敦煌文物保护和敦煌学研究的成果。"

因此，全面总结 100 多年来敦煌医学文献研究的成果，挖掘、拓宽新的研究空间和领域，已经是摆在我们面前的历史任务，我们责无旁贷，又必当仁不让。

立足新时代，我们必须扛起敦煌医学研究的大旗！

为此，我们组织编写了这套《敦煌医学研究大成》丛书，其框架结构及内容如下。

《敦煌医学研究大成·总论卷》 李应存、史正刚主编。该卷主要论述了敦煌藏经洞遗书的发现及医学卷子的来源、保存情况；敦煌医学的概念、学术价值及敦煌医派概要；敦煌医学研究的经历、现状及展望；敦煌医学主要内容介绍；甘肃中医药大学（原甘肃中医学院）在"传承敦煌医学文化、提升学生综合素质、凸显敦煌医学办学特色"等方面的概况。

《敦煌医学研究大成·简明总论卷（英文版）》 李应存、史正刚主编，张艳萍翻译。该卷是从《敦煌医学研究大成·总论卷》中精选出适合国外读者学习、适宜国际交流的内容，将其翻译成英文，让敦煌医学真正走出国门，造福于人类，同时展示我们在敦煌医学领域的研究成果。

《敦煌医学研究大成·诊法卷》 田永衍主编。该卷上卷对英、法、俄等国所藏敦煌医学文献中 8 类 27 种诊法类卷子，在前人研究基础上，以高清图影与文字对照的形式，进行进一步的整理校勘与注释，尤其对前人校注中可能出现的错误与疏漏进行了进一步考证；下卷以题录加摘要的形式摘编了近 40 年学术界对敦煌诊法类卷子的研究论文，以期能够较为全面地反映敦煌诊法类卷子的研究现状。

《敦煌医学研究大成·医方卷》 刘喜平、段永强主编。敦煌古医方，创源久远，现存单方、复方 1100 余首，涉及医经卷号达 28 首，为敦煌遗书医学卷子存量文献之最。内容涉及内、外、妇、儿、五官、皮肤诸病证，另有食疗方剂、佛道教方剂、疗服石方剂、藏医方剂和美容方剂，寓意丰富，但散存佚文，尚有缺憾。今之应用，须辨疑识惑，明晰方证，继承发挥。故本卷以原汁敦煌医文医方为基，借鉴前贤名家研究之果，并经图文相应、医文补充、方源校录、组方配伍、方义解析、用法功效、临证应用等方面研究归类，疏证呈现，以期敦煌古医方更为今用。

《敦煌医学研究大成·本草卷》 梁永林、杨志军主编。在本草学方面，古抄卷子本主要保留了隋唐及其之前本草类著作的写本，即《本草经集注》《新修本草》《残本草》《食疗本草》。该卷主要整理 275 味药，按功效进行分类，列出原文，进行释文、校注，并对各味药从药性、功效、临床应用、用法用量等现代角度进行诠释。

《敦煌医学研究大成·针灸卷》 严兴科、魏玉婷主编。该卷分为两部分。第一部分重点撷取了敦煌医学针灸文献中《灸经图》《新集备急灸经》《灸经明堂》《明堂五脏论》《针灸甲乙经》《脉经》《吐蕃藏文针灸图》等敦煌针灸学的核心内容，对经卷原文进行了整理，并对主要研究专家注解进行了汇总和分析。第二部分包括敦煌针灸文献的理论研究，主要对敦煌针灸经络理论进行了整理比较，梳理和总结了敦煌针灸疗法的现代应用与研究资料，以促进敦煌针灸医学的传承和发展。

《敦煌医学研究大成·养生与杂论卷》 朱向东、袁仁智主编。该卷从敦煌食疗药物及其医方、精神疗法与气功在养生中的重要作用、敦煌佛教相关养生、敦煌道教相关养生、养生杂论 5 个方面展开论述。一方面反映了佛教、道教对中医养生的影响，以及敦煌作为佛教圣地是多种文化交流的有力象征；另一方面，与佛教、道教相关的医学养生卷子具有很大的理论研究潜力与医用价值。

《敦煌医学研究大成·藏医学卷》 本考主编。该卷用藏汉两种文字编著。上卷为英国和法国所藏藏文敦煌古藏医药文献和我国敦煌附近发现的古藏医文献藏文原文摹写，部分附有复制的图片；中卷为敦煌古藏医药文献的汉文译释；下卷在前人研究的基础上，对敦煌古藏医文献进行了进一步的校勘，对 9 世纪初叶藏王厘定藏文正字法前的古藏文进行了译注。附录以题录的形式将近 40 年学术界对敦煌古藏医文献的研究成果进行了汇总。

《敦煌医学研究大成·形象医学卷（英汉对照）》 王进玉主编。浩如烟海的壁画和莫高窟藏经洞绘画，描绘了不少古代医疗卫生发展演变以及中西交流方面的历史图像。本卷对敦煌医学图像的研究与展望进行了综合阐述，精选了 100 多幅壁画和藏经洞保存的精美绘画，从医疗活动、针灸图像、卫生保健、药师佛信仰与心理疗法、养生修炼、环境卫生、体育活动等方面予以介绍，以期达到图文并茂的阅读效果。另以题录加摘要的形式摘编了截至目前学术界涉及医学图像的主要图书和研究论文。本卷采用四色印刷，英汉双语对照排版，以利于国际学术交流。

《敦煌医学研究大成·人物与专著卷》 袁仁智、王燕主编。该卷全面而系统地介绍了敦煌遗书自面世以来对涉医文献进行研究的重要人物及著作。人物介绍侧重于每位学者在敦煌医学研究方面的主要贡献。著作介绍侧重于研究的具体对象、研究方法、研究体例及提出的新观点或解决的新问题。

唐诗云："却顾所来径，苍苍横翠微""回看射雕处，千里暮云平"。该套丛书无论从广度和深度都是一个新的展示，将会成为敦煌医学研究史上的新节点。回望敦煌医学研究走过的百年之路，犹如苍山叠嶂，亦如千里暮云，更无异于诗一般的山花烂漫！而此情此景的呈现，离不开甘肃中医药大学"敦煌医学与转化教育部重点实验室"的精心组织，离不开中医学、中药学、中西医结合三大学科的具体实施，离不开各卷主编、副主编、编委们的精心打造和用心良苦，以及中国中医药出版社田少霞责任编辑的辛勤付出。在此一并致以诚挚的感谢！

特别感谢中国中医科学院教授、中国科学院院士、国医大师陈可冀先生，兰州大学教授、长江学者、兰州大学敦煌研究所所长郑炳林先生能拨冗作序，为本书增光添彩，其奖掖后学之用，功莫大焉！

古人说得好，文献的整理校对犹如扫落叶一般，一遍有一遍的问题。遗书残卷，年久风化，辗转伤损，字迹漶漫，本就有相当大的难度，加上水平所限，谬误在所难免，至于见仁见智之不同，更不待表。恳切希望同行大家能不吝赐教，以便再版时修订提高。

2019 年 12 月

编写说明

一、本书将英藏、法藏、俄藏敦煌汉文医药文献中涉及诊法的八类二十七种文献，按内容来源进行了分类，以类编形式编写。部分文献据其内容来源予以了重新定名。

二、本书中"S"表示英藏敦煌文献，"P"表示法藏敦煌文献，"Дx"表示俄藏敦煌文献。

三、引录敦煌文献时，缺字用"□"表示。脱字据上下文或传世文献用［ ］补出。

四、录文前行数为全卷相应行之顺序数，非该部分内容之顺序数。录文全部转换为相应的简体字，录文中的通假字、俗字、避讳字、异体字等在（ ）内标注为现代简体字。

五、本书中有关章节内容，前面有详细校注的，在本章或其他章节再次出现仅作简单校注或不做校注，仅提供参考文献。

六、本书第一、三、八、九章，第四章第一节由田永衍撰著，第二、五、六、七章，第四章第二节由谢朋磊撰著，附录由梅耀文整理编写。医学理论由梁永林审核，疑难字由赵小强编辑，文本由赵志伟核对，引文和参考文献由王凝核对。

目 录

第一章　敦煌文献中诊法类著作的基本情况 ……………………………… 1

一、《黄帝内经》诊法选抄 ………………………………………… 2

二、《伤寒论》诊法选抄 …………………………………………… 3

三、《脉经》诊法选抄 ……………………………………………… 3

四、《针灸甲乙经》诊法选抄 ……………………………………… 4

五、《王叔和脉诀》选抄 …………………………………………… 5

六、《玄感脉经》 …………………………………………………… 5

七、《五脏脉候阴阳相乘法》 ……………………………………… 6

八、《占五脏声色源候》 …………………………………………… 6

第二章　《黄帝内经》类诊法选抄 ……………………………………… 7

第一节　《素问·三部九候论》选抄 P.3287 ……………………… 7

第二节　《黄帝内经太素·诊候》选抄 P.3106 …………………… 12

第三节　《素问·卷十》选抄 Дx17453 …………………………… 16

第四节　《诊脉大法》Дx00613 …………………………………… 20

第三章　《伤寒论》诊法选抄 …………………………………………… 30

第一节　《伤寒论·辨脉法》 ……………………………………… 30

一、S.202 ………………………………………………………… 30

二、P.3287 ……………………………………………………… 51

第二节　《伤寒论·伤寒例》P.3287 ……………………………… 53

第四章　《脉经》诊法选抄 ……………………………………………… 59

第一节　平脉略例 ………………………………………………… 59

一、S.5614 ……………………………………………………… 59

二、P.2115 ……………………………………………………… 83

三、S.6245 ……………………………………………………… 94

四、Дx02869A+Дx06150 ·················· 95

五、Дx08644 ································ 98

六、P.4093 ································ 99

第二节 《脉经》摘抄 ························ 101

一、《脉经》摘抄之一 S.8289 ·············· 102

二、《脉经》摘抄之二 P.3287 ·············· 110

三、《脉经》摘抄之三 P.3287 ·············· 111

四、《脉经》摘抄之四 P.3106 ·············· 122

五、《脉经·平三关阴阳二十四气脉》S.6245V+S.9431+

S.9443V+S.8289V 缀合 ·············· 125

第五章 《针灸甲乙经》诊法选抄 ·············· 130

第一节 《针灸甲乙经·病形脉诊》选抄 P.3481+S.10527 ······· 130

第二节 《针灸甲乙经·卷六》选抄 Дx02683+Дx11074 缀合 ··· 133

第六章 《王叔和脉诀》选抄 ·················· 144

第一节 《七表八里三部脉》P.3655 ············ 144

第二节 《青乌子脉诀》P.3655 ·············· 149

第七章 《玄感脉经》P.3477 ·················· 156

第八章 《五脏脉候阴阳相乘法》·············· 168

第一节 S.5614 ································ 168

第二节 S.6245 ································ 175

第九章 《占五脏声色源候》 ·················· 179

附录 敦煌诊法类文献研究汇要 ·············· 182

参考文献 ·································· 203

第一章　敦煌文献中诊法类
著作的基本情况

"诊法"一词，在中医古籍中最早见于《黄帝内经素问·脉要精微论》，云："黄帝问曰：诊法何如？"张介宾注曰："诊，视也，察也，候脉也。凡切脉望色，审问病因，皆可言诊。"可见张介宾认为望、闻、问、切皆是诊法所包含的内容。

敦煌文献中有大量的诊法类著作。这些著作以脉诊为主要内容，并参以望、闻、问等其他诊断方法。初步统计分类，计有八类二十七种：

《黄帝内经》类四种。即 P.3287《素问·三部九候论》选抄、P.3106《黄帝内经太素·诊候》选抄、Дx17453《素问·卷十》选抄、Дx00613《诊脉大法》。

《伤寒论》类三种。包括 S.202、P.3287《伤寒论·辨脉法》两种；P.3287《伤寒论·伤寒例》选抄一种。

《脉经》类十一种。包括《平脉略例》六种，即 S.5614、P.2115、S.6245、P.4093、Дx2869A+Дx06150 缀合、Дx08644；《脉经》摘抄五种，即 S.8289、P.3287《脉经》摘抄两种、P.3106、S.6245V+S.9431+S.9443V+S.8289V 缀合。

《针灸甲乙经》类两种，即 P.3481+S.10527 缀合《针灸甲乙经·病形脉诊》选抄、Дx02683+Дx11074 缀合《针灸甲乙经·卷六》选抄。

《王叔和脉诀》类两种，即 P.3655 之《七表八里三部脉》与《青乌子脉诀》。

《玄感脉经》一种，即 P.3477。

《五脏脉候阴阳相乘法》两种，即 S.5614、S.6245。

《占五脏声色源候》两种，即 S.5614、S.6245。

一、《黄帝内经》诊法选抄

《黄帝内经》诊法选抄主要包括四部分内容，具体如下：

1.《素问·三部九候论》选抄

《素问·三部九候论》见于 P.3287，单面书写，首尾均残，共存149 行文字。本篇首残尾全，第 1 至 31 行内容与传世本的《素问·三部九候论》部分内容相同，涉及九野九脏、形脉相得相失、九候诊法与死候、足踝诊法及三部九候之法。故定名为《素问·三部九候论》选抄。

2.《黄帝内经太素·诊候》选抄

《黄帝内经太素·诊候》见于 P.3106 所载之第三部分，前后皆缺，仅存 17 行文字，上部部分文字缺失，下部文字全缺，无篇名及著者。所记内容涉及脉诊、望诊等，且多言真脏绝脉、危象，其内容虽可见于《素问·平人气象论》，但与传世本《黄帝内经太素·诊候》内容更接近。故定名为《黄帝内经太素·诊候》选抄。

3.《素问·卷十》选抄

《素问·卷十》见于 Дx17453，原卷现存 9 行文字，首尾均残，虽系行书书写，但字迹工整易辨。其中 1～3 行与《素问·刺疟》结尾内容相同，3～9 行与《素问·气厥论》开篇内容相同。因本卷有《素问·气厥论篇第三十七》的书题，合理推测，其可能是对《素问·卷十》之《疟论》《刺疟》《气厥论》《咳论》等内容的选抄，故定名为《素问·卷十》选抄。

4.《诊脉大法》

《诊脉大法》见于 Дx00613，该卷现存 28 行文字，字迹工整，首尾均残。1～9 行可见于《灵枢经·卫气行》、10～11 行可见于《灵枢经·五营》、12～16 行可见于《难经·一难》、17～28 行可见于《素问·三部九候论》，内容与《黄帝内经》《难经》中部分内容相似。其内容涉及营卫运行、呼吸定息、法取寸口及三部九候等诊脉基本理论，故仿《千金翼方·卷二十五·诊脉大意》篇名，定名为《诊脉大法》。

二、《伤寒论》诊法选抄

《伤寒论》诊法选抄主要包括两部分内容，具体如下：

1.《伤寒论·辨脉法》

《伤寒论·辨脉法》见于 S.202 和 P.3287，与今本《伤寒论·辨脉法》内容基本相同，主要记述了阴阳脉法、寸口和趺阳脉法、五脏绝证候与脉象、伤寒欲解时脉象及其他病脉象。其中 S.202 文字较为完整，P.3287 文字残缺较甚。S.202 与 P.3287 原卷均无书题，故将其定名为《伤寒论·辨脉法》。

2.《伤寒论·伤寒例》选抄

《伤寒论·伤寒例》见于敦煌文献 P.3287 所载内容的第二部分，原卷本部分未命名，基于其内容与今本《伤寒论·伤寒例》中的数段文字相同，主要讨论了伤寒病的起病、表里证的治则与治法、两感病的治则与治法等内容，故将其定名为《伤寒论·伤寒例》选抄。

三、《脉经》诊法选抄

《脉经》诊法选抄主要包括两部分内容，具体如下：

1.《平脉略例》

《平脉略例》在敦煌文献中凡六见，即 S.5614、P.2115、S.6245、P.4093、Дx02869A+Дx06150 缀合、Дx08644。《平脉略例》在 S.5614 与 P.2115 卷子中均是其第二种内容。《平脉略例》是 S.5614 与 P.2115 原卷本有的书题。这些内容大多见于王叔和《脉经》卷一与卷二，抄写者进行了进一步整理归纳。因其篇原有书题，故照旧。《平脉略例》主要论述了诊脉时的持脉轻重法、诊法常以平旦等理论，以及寸关尺三部定位及其脏腑配属，左右手寸关尺阴阳二十四气脉与十九种常见脉的主病。

2.《脉经》摘抄

《脉经》摘抄共五种。S.8289，原卷正背两面书写，正面摘抄《脉经》内容。本篇首尾及上半部均为残文，仅存 36 行文字，无标题及撰者。考证其内容为《脉经·平三关阴阳二十四气脉第一》《脉经·序》《脉经·脉形状指下秘决第一》，故定名为《脉经》摘抄之一；P.3287，书名及撰者不详，记述两种内容。其一内容为《脉经·诊脉动止投数疏数死期年月第六》《脉经·诊损至脉第五》摘抄，故定名为《脉经》摘抄之二。其二内容为《脉经·脉形状指下秘决第一》《脉经·分别三关境界脉候所主第三》《脉经·平三关病候并治宜第三》《脉经·脾胃部第三》，故定名为《脉经》摘抄之三。P.3106，前后皆缺，仅存 17 行文字，上部部分文字缺失，下部文字全缺。无篇名及著者。内容涉及五脏死脉、至数死脉、四时死脉、杂病与鬼祟脉、五色死诊等，散见于《脉经》卷三、卷四、卷五等篇章，故定名为《脉经》摘抄之四。S.6245V+S.9431+S.9443V+S.8289V 缀合，内容基本与《脉经·平三关阴阳二十四气脉第一》相同，故定名为《脉经·平三关阴阳二十四气脉》。

四、《针灸甲乙经》诊法选抄

《针灸甲乙经》诊法选抄主要包括两部分内容，具体如下：

1.《针灸甲乙经·病形脉诊》选抄

《针灸甲乙经·病形脉诊》见 P.3481，主要论述了缓、急、大、小、滑、涩等六种脉象的"微"与"甚"所主五脏疾病的各种表现。仅存心脉全文与肺脉主病、主证大部分文字，肝、脾、肾脉相关文字残缺。其内容虽可见于《灵枢经·邪气脏腑病形》，但文字表述与《针灸甲乙经·病形脉诊》相似度更高，故将其定名为《针灸甲乙经·病形脉诊》选抄。

2.《针灸甲乙经·卷六》选抄

《针灸甲乙经·卷六》见于 Дx02683+Дx11074 缀合。Дx02683 大部分内容与《针灸甲乙经·卷六·阴阳大论第七》结尾文字相似，

Дx11074内容与《针灸甲乙经·卷六·正邪袭内生梦大论第八》开篇文字相似。故定名为《针灸甲乙经·卷六》选抄。需要说明的是，Дx02683前下贴有一残片，内容为《针灸甲乙经·卷六·正邪袭内生梦大论》结尾文字，可能系原整理者发现其笔迹相似，故进行缀合，但所缀位置有误。

五、《王叔和脉诀》选抄

1.《七表八里三部脉》

《七表八里三部脉》见于P.3655卷子的第二种内容（第44～64行文字）。原卷无书题，无撰者姓名，是以七言歌诀形式写成的脉学著作，其内容有三部分：第一，七表脉，本部分论述了反映表病的七种脉象，即浮、芤、滑、实、紧、洪、弦，见于寸、关、尺时各自主病与症状。第二，八里脉，本部分标题虽曰"八"，但实际论述了反映里病的九种脉象，即迟、缓、微、软、沉、弱、细、伏、涩，见于寸、关、尺时各自主病与症状。第三，三部脉，本部分论述了洪、弦、缓、沉、浮五种脉象在寸关尺俱见时的主病与症状。故定名为《七表八里三部脉》。内容与今本高阳生撰的《王叔和脉诀》相似但有所不同，疑是敦煌当地医家对《王叔和脉诀》相应部分的抄录改编。

2.《青乌子脉诀》

《青乌子脉诀》见于P.3655卷子的第三种内容（第64～79行文字）。无撰者姓名，其内容与传世本《王叔和脉诀》中的"左右手诊脉歌"相似。《青乌子脉诀》是原篇书题，故沿用《青乌子脉诀》命名，但内容归类于《王叔和脉诀》类。

六、《玄感脉经》

《玄感脉经》是原卷本有的书题，载于敦煌文献P.3477，存69行文字，首全尾残，无撰者。《玄感脉经》内容可以分为三部分：第一篇有文缺目，主要论述了寸关尺分法、何谓三部九候、为何独取寸口、诊法常以平旦等脉诊的原则问题。第二篇名"捻脉指下轻重脉名类形状第二"，主要论述了持脉轻重法、视人大小长短男女逆顺法、医以己息候病人法与弦、浮、滑、实、革、动、沉、紧、湿、伏、濡、弱、迟、芤、牢、细、缓、虚、软、促、微、结、代23种病脉及屋漏、雀啄、弹石、解索、虾游、鱼翔6种死脉。第三篇名"阴阳逆乘伏第三"，但有目缺文。

纵观《玄感脉经》，其第一部分文字多与《素问》《难经》《脉经》记载相同，第二部分文字又多与《难经》《脉经》《千金翼方·卷二十五》等医籍记载相同，故认为《玄感脉经》是对《素问》《难经》《脉经》《千金翼方》等古医籍中脉学理论的摘录汇编。

七、《五脏脉候阴阳相乘法》

《五脏脉候阴阳相乘法》在敦煌文献中凡两见，即S.5614和S.6245，原卷有篇名，无撰者。其中S.5614文字较为完整，S.6245文字残缺较甚。《五脏脉候阴阳相乘法》主要论述肝、心、脾、肺、肾五脏的生理特点、所主时令、五行归属、四时平脉、五脏五行相乘之脉候表现及其预后。这些内容多可见于《脉经》卷三，《备急千金要方》卷十一、十三、十五、十七、十九及《千金翼方》卷二十五。其体例虽与《脉经》相似，文字表述却与《千金翼方》更为接近。《五脏脉候阴阳相乘法》是S.5614原卷本有的书题。

八、《占五脏声色源候》

《占五脏声色源候》在敦煌文献中凡两见，即S.5614和S.6245。《占五脏声色源候》是S.5614原卷本有的书题，其内容多见于《难经》，主要是通过五脏与五官、情志、五声等的配属关系，论述五脏病的症状。

第二章 《黄帝内经》类诊法选抄

第一节 《素问·三部九候论》选抄 P.3287

【提要】

《素问·三部九候论》选抄见于 P.3287，单面书写，首尾均残，共存 149 行文字。本篇首残尾全，第 1～31 行内容与传世本的《素问·三部九候论》部分内容相同，涉及九野九脏、形脉相得相失、九候诊法与死候、足踝诊法及三部九候之法。故定名为《素问·三部九候论》选抄。

【原文】

P.3287 第 1～28 行，见图 2-1-1。

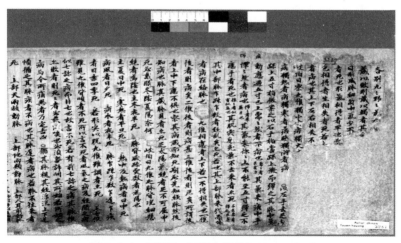

图 2-1-1 《素问·三部九候论》P.3287（1）

【录文】

1. 各别九野，九野[1]

2. 脏以（已）败，刑（形）脏以竭者，其[2]。

3. 曰：形盛脉细，匈（胸）中气少[3]不[4]

4. 者死也。形气相得者平也。参[5]

5. 色相得者生，相失者死。若上[6]

6. 者病也[7]。其上下左右相失不[8]

7. 岐伯曰：察九九催（候），独中[9]者病，独大者[10]

8. 病，独热者病，独寒者病，脉独陷者病[11]。以左手去足内

9. 踝上五寸，指微（微）案（按）之[12]，以右手指当（当）踝上微而弹之，其脉中气

10. 动应过五寸已（以）上，需需（蠕蠕）然者，不病也。蠕蠕者，来有力。其气来痋（疾），中手

11. 恽恽（浑浑）然者，病也。浑浑者，来无力也。其气来徐徐上不能至五寸，弹之不

12. 应手者，死也。徐徐者，似有似无也。其肌宍（肉）身充，气不去来者亦死。不去来者，弹之全无。

13. 其中部脉乍踈（疏）乍数者，经乱矣，亦死若也，其上部脉来代而[13]

14. 者，病在络脉也。九候相应者，上下若一，不得相失也。一候

15. 后者则病矣，二候后者则病甚，三候后者则厄（危）矣。所谓后

16. 者，上中下应不俱也。察其病[14]蔵（藏）而知死期，必先知经脉，然后

17. 知病也脉[15]。真藏脉见（现）者亦死。足太阳气绝者，足不可屈申（伸），

18. 死必戴眼。阴夏阳奈何？岐伯曰：九候之脉皆沉细悬

19. 绝者为也，主冬，夜半死。脉皆盛躁软数者为阳也，

20. 主夏，日中死。寒热者平旦死，热中及热病者日中死。

21. 病风者日夕死，病水者夜半死。脉乍疎（疏）乍数，乍迟乍疾

22. 者，日乘四季死。若形宍（肉）以（已）脱，九帷（候）虽调者亦死。上七候

23. 虽见，九候皆顺者不死。所以言不死者，风气之病及经闰（闲）[16]之病，

24. 似七詠（诊）之病而非七也，故言不死。若有前七诊之病，其脉候

25. 亦败者则死，死者必褩（发）[17]哕唉（噫）也。必须审谛，问其所始。若所始之

26. 病与今所痛异者，乃定吉凶。循（揗）其脉，视其经浮沉上下逆

27. 顺循（揗）之，其脉疾者不病也，其脉迟者病也，若脉不往来者

28. 死。上部天，两额动脉；上部地，两颊动脉；上部人，耳前动脉。

【校释】

[1] 九野九野：此处为重文。据《黄帝内经太素·卷第十四诊候之一》《针灸甲乙经·卷四·三部九候第三》《素问·三部九候论篇第二十》，"九野"后补"为九脏，故神脏五，形脏四，合为九脏。五"十五字。

[2] 其：据《黄帝内经太素·卷第十四诊候之一》《针灸甲乙经·卷四·三部九候第三》，"其"后补"色必夭，夭必死矣"七字。《素问·三部九候论篇第二十》"矣"当作"也"。

[3] 气少：《黄帝内经太素·卷第十四诊候之一》《针灸甲乙经·卷四·三部九候第三》《素问·三部九候论篇第二十》均作"少气"。

[4] 不：据《黄帝内经太素·卷第十四诊候之一》《针灸甲乙经·卷四·三部九候第三》《素问·三部九候论篇第二十》，"不"后补

"足以息者危。形瘦脉大，胸中多气"十三字。

［5］参：据《针灸甲乙经·卷四·三部九候第三》《素问·三部九候论篇第二十》，"不"后补"伍不调者病。三部九候形"十字。《黄帝内经太素·卷第十四诊候之一》多"以"字。

［6］上：据《黄帝内经太素·卷第十四诊候之一》《针灸甲乙经·卷四·三部九候第三》《素问·三部九候论篇第二十》，"上"后补"下左右之脉相应如参舂"十字。且"上"前均无"若"字。

［7］病也：《黄帝内经太素·卷第十四诊候之一》《针灸甲乙经·卷四·三部九候第三》《素问·三部九候论篇第二十》均作"病甚"。

［8］不：据《黄帝内经太素·卷第十四诊候之一》《针灸甲乙经·卷四·三部九候第三》《素问·三部九候论篇第二十》，"不"后补"可数者死。中部之候虽独调，与众脏相失者死。"十八字。

［9］中：据《黄帝内经太素·卷第十四诊候之一》《针灸甲乙经·卷四·三部九候第三》《素问·三部九候论篇第二十》，改为"小"。

［10］者：据《黄帝内经太素·卷第十四诊候之一》《针灸甲乙经·卷四·三部九候第三》《素问·三部九候论篇第二十》，"者"后补"病，独疾者病；独迟者"七字。

［11］脉独陷者病：《黄帝内经太素·卷第十四诊候之一》《针灸甲乙经·卷四·三部九候第三》《素问·三部九候论篇第二十》，作"独陷下者病"。

［12］以左手去足内踝上五寸，指微案（按）之：《黄帝内经太素·卷第十四诊候之一》作"以左手上去踝五寸而按之"；《针灸甲乙经·卷四·三部九候第三》作"以左手于左足上去踝五寸而按之"；《素问·三部九候论篇第二十》作"以左手足上，去踝五寸按之"。义同。

［13］而：据《针灸甲乙经·卷四·三部九候第三》《素问·三部九候论篇第二十》，均作"钩"字。《黄帝内经太素·卷第十四诊候之一》

作"勾"字。

［14］病:《黄帝内经太素·卷第十四诊候之一》《针灸甲乙经·卷四·三部九候第三》《素问·三部九候论篇第二十》均作"府"。

［15］也脉:据《黄帝内经太素·卷第十四诊候之一》《针灸甲乙经·卷四·三部九候第三》《素问·三部九候论篇第二十》,改为"脉也"。

［16］闲:《针灸甲乙经·卷四·三部九候第三》《素问·三部九候论篇第二十》均作"月"字;《黄帝内经太素·卷第十四诊候之一》为"闲",同文本。

［17］发:原卷模糊,据《黄帝内经太素·卷第十四诊候之一》《针灸甲乙经·卷四·三部九候第三》《素问·三部九候论篇第二十》,"发"后补"哕"。

【原文】

P.3287 第 29 ～ 31 行。见图 2-1-2 第 3 ～ 5 行。

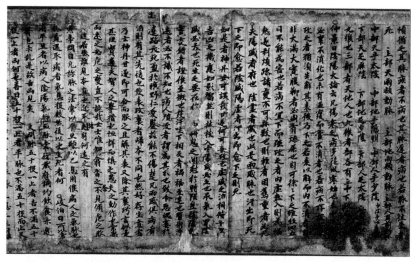

图 2-1-2 《素问·三部九候论》P.3287（2）

【录文】

29. 中部天,手太阴;中部地,手阳明;中部人,手少阴。少阴手心主脉同。

30.下部天，足厥阴，下部地，足少阴；下部人，足太阴。此名三部

31.九催（候）也。三部者，天地人也；九候者，部各有上中下，故名九也。

第二节　《黄帝内经太素·诊候》选抄 P.3106

【提要】

见于 P.3106 所载第三部分，前后皆缺，仅存 17 行文字，上部部分文字缺失，下部文字全缺，无篇名及著者。所记内容涉及脉诊、望诊等，且多言真脏绝脉、危象，其内容虽可见于《素问·平人气象论》，但与传世本《黄帝内经太素·卷十五诊候之二》内容更接近。故定名为《黄帝内经太素·诊候》选抄。

【原文】

P.3106 第 1～11 行，见图 2-2-1 第 19～29 行。

图 2-2-1　《黄帝内经太素·诊候》P.3106

【录文】

1. 平[1]，脉濡，濡弱

2. 肝欲死，脉急[2]

3. 欲病，脉如物浮之风吹手。肺[3]

4. 心平，肺[4]（脉）累累[5]如连珠循浪[6]（琅）[玕，心欲病，脉喘喘连属]，

5. 其中微曲。心欲死，脉前曲□□[7]

6. 如循鸡羽[8]。贤[9]（肾）欲病，肺[10]引

7. 索[11]，如避弹石。脾平，脉和柔[12][相离，如鸡践地]

8. 實（实）如[13]（而）盈數（数）如鸡举足。脾欲[14]

9. 屋漏[15]。脉一息[16]再至，平脉[17]。一息

10. 困脉[18]。一息六至，死脉[19]。春脉浮[20]

11. 而□，冬脉强而沉，四

【校释】

[1] 平：按此段文字的体例应为："某脏平……脉……；某脏欲病……脉……；某脏欲死……脉……"。"平"前应为"肝"。《黄帝内经太素·卷十五诊候之二》之"五脏脉诊"曰："平肝脉来，濡弱招招，如揭长竿，曰肝平，春以胃气为本；病肝脉来，盈实而滑，如循长竿，曰肝病；死肝脉来，急而益劲，如新张弓弦，曰肝死。"《素问·平人气象论篇第十八》曰："平肝脉来，奕弱招招，如揭长竿末梢，曰肝平，春以胃气为本。病肝脉来，盈实而滑，如循长竿，曰肝病。死肝脉来，急益劲，如新张弓弦，曰肝死。"从"脉濡，濡弱"与《黄帝内经太素》更接近。疑为《黄帝内经》古传本。本句的文字可能为"肝平，脉濡，濡弱，如揭长竿"。

[2] 肝欲死，脉急：根据上下文体例，本句文字可能为"肝欲死，脉急，益劲，如新张弦"。

[3] 欲病，脉如物浮之风吹手。肺：《黄帝内经太素·卷十五诊候之二》之"五脏脉诊"曰："平肺脉来，厌厌聂聂，如落榆荚，曰肺平，

秋以胃气为本；病肺脉来，不下不上，如循鸡羽，曰肺病；死肺脉来，如物之浮，如风之吹毛，曰肺死。"《素问·平人气象论篇第十八》曰："平肺脉来，厌厌聂聂，如落榆荚，曰肺平，秋以胃气为本。病肺脉来，不上不下，如循鸡羽，曰肺病。死肺脉来，如物之浮，如风吹毛，曰肺死。"本句文字可能为"肺欲死，脉如物浮之，如风吹毛；肺欲病，不上不下，如循鸡羽"。以下同此，不一一出注。

[4] 肺：根据上下文体例，"肺"改为"脉"，字形相近而误。

[5] 累累：脉象，若颗粒之状，连续不绝也。

[6] 浪：《黄帝内经太素·卷十五诊候之二》之"五脏脉诊"曰："平心脉来，累累如连珠，如循琅玕，曰心平，心脉，夏脉也，夏以胃气为本；病心脉来，喘喘连属，其中微曲，曰心病；死心脉来，前曲后居，如操带勾，曰心死。"《素问·平人气象论篇第十八》曰："夫平心脉来，累累如连珠，如循琅玕，曰心平，夏以胃气为本。病心脉来，喘喘连属，其中微曲曰心病。死心脉来，前曲后居，如操带钩，曰心死。"因此，"浪"应为"琅"，字形相近而误，"浪"后缺字应为"玕，心欲病，喘喘连属"八字。

【按】琅玕：圆润如珠的美玉。累累如连珠，如循琅玕。杨上善注曰："夏日万物荣华，故其脉来，累累如连珠，以手按之，如循琅玕之珠，以为平和之脉也。"

[7] 脉前曲□□：据《黄帝内经太素·卷十五诊候之二》之"五脏脉诊"和《素问·平人气象论篇第十八》"脉前曲"后面应补"后居"二字。

[8] 如循鸡羽：应为抄写者将上文误抄。根据上下文体例（可参本文[1]校释）和卷子残缺处，前文已有肺脏正常脉象、病脉和死脉之描述，而且残缺处不能书写关于肺脏三种脉象的文字，故为误抄。"如循鸡羽"前应为描述正常肾脏的脉象，应为"平肾，脉喘喘累累如旬，按之而坚"。

[9] 贤：据《黄帝内经太素·卷十五诊候之二》之"五脏脉诊"和

《素问·平人气象论篇第十八》改为"肾"，当是。

　　［10］肺：根据上下文体例，应改为"脉"。"脉"后应补"如引葛按之益坚"七字。

　　［11］索：根据《黄帝内经太素·卷十五诊候之二》之"五脏脉诊"和《素问·平人气象论篇第十八》，"索"前应补"发如夺"三字。

　　［12］脉和柔：据《黄帝内经太素·卷十五诊候之二》之"五脏脉诊"和《素问·平人气象论篇第十八》，"脉和柔"后应补"相离，如鸡践地"六字。

　　［13］实如：根据《黄帝内经太素·卷十五诊候之二》之"五脏脉诊"和《素问·平人气象论篇第十八》，"如"应改为"而"。"实如"前应补"肾欲死"三字。

　　［14］脾欲：根据《黄帝内经太素·卷十五诊候之二》之"五脏脉诊"和《素问·平人气象论篇第十八》，"脾欲"后应补"死，坚兑如鸟之喙，如鸟之距，如水之流，如"十六字。

　　［15］屋漏：《黄帝内经太素·卷十五诊候之二》之"五脏脉诊"和今本《素问·平人气象论篇第十八》为"屋之漏"。

　　［16］一息：《脉经·诊损至脉第五》曰："一呼一吸为一息。"

　　［17］平脉：《黄帝内经太素·尺寸诊》曰："脉再动，人一吸脉亦再动，命曰平人。平人者，不病也。"《素问·平人气象论篇第十八》曰："人一呼脉再动，一吸脉亦再动，呼吸定息，脉五动，闰以太息，命曰平人。平人者不病也。"

　　【按】《黄帝内经太素》和《素问·平人气象论篇第十八》文字基本一致；《难经·十四难》曰："脉来一呼再至，一吸再至，不大不小曰平。"疑作者根据《难经》文字改编而成，即"脉一息再至，平脉"。

　　［18］困脉：《难经·十四难》曰："一呼五至，一吸五至，其人当困，沉细夜加，浮大昼加，不大不小，虽困可治，其有大小者，为难治。"《脉经·诊损至脉第五》曰："一呼五至，一吸五至，其人当困。沉细即夜加，浮大即昼加，不大小虽困可治，其有大小者为难治。"根据

上下文体例"困脉"可能为"一息五至，困脉。"

[19]一息六至，死脉:《难经·十四难》曰:"一呼六至，一吸六至，为死脉也，沉细夜死，浮大昼死。"《脉经·诊损至脉第五》曰:"一呼六至，一吸六至，为十死脉也。沉细夜死，浮大昼死。""一息六至，死脉"与《难经》文字吻合度更高，因此根据"平脉""困脉""死脉"校释，以上条文根据《难经》文字改编可信度更大。

[20]春脉浮:以下文字为"逆四时脉"之论述。《素问·平人气象论篇》关于"四时脉"正常描述为"春脉弦，夏脉钩，秋脉毛，冬脉石"。《黄帝内经太素·卷十四四时脉诊》曰:"所谓逆四时者，春得肺脉，夏得肾脉，秋得心脉，冬得脾脉，其至皆悬绝沉涩者，命曰逆四时。"《素问·玉机真脏论》曰:"脉逆四时，为不可治，必察四难，而明告之。"因此，"春脉浮"后面可能为"为逆，不可治"。

第三节 《素问·卷十》选抄 Дx17453

【提要】

《素问·卷十》选抄，见 Дx17453。原卷子现存9行文字，首尾均残，虽系行书书写，但字迹工整易辨。其中1～3行与《素问·刺疟》结尾内容同，3～9行与《素问·气厥论》开篇内容同。因本卷有《素问·气厥论篇第三十七》的书题，合理推测，其可能是对《素问·卷十》之《疟论》《刺疟》《气厥论》《咳论》等内容的选抄，故定名为《素问·卷十》选抄。

【原文】

Дx17453 第1～9行，见图2-3-1第1～9行。

图 2-3-1 《素问·卷十》选抄 Дх17453

【录文】

1. 针[1]，针[2]绝骨出[3]血，立已。身体小痛，刺（刺）至[4]诸阴之井，无出血，间日一

2. 刺[5]。疟，不渴，间日而作，刺足太阳[6]；渴而间日作，□足少阳[7]。温

3. 疟，汗不出，为五十九刺。□□□篇[8]第三十七，帝问曰：

4. 五脏六腑，寒热[9]移[10]於（于）肝，痛肿[11]，脾移寒于肝[12]，痛肿筋（筋）

5. 挛。肝移寒于心，狂，隔（膈）中。心移寒于[13]欽（饮）[14]一溲二，死

6. 治。肺移寒于肾，为涌水，涌水者，按腹不[15]气客于大肠，疾[16]以鸣，

7. 濯濯如囊裹将[17]水之状。脾移热于肝，衄[18]。肝移[19]热于心，则死。

8. 心移热于肺，传为鬲（膈），消渴[20]。脉[21]移热于肾，传为柔痓。肾移

9. 热于脾，传为虚，肠澼死，不可治。胞移热于膀胱，则癃。

【校释】

［1］针：《黄帝内经太素·卷二十五伤寒》之内容，"十二疟"为"以镵"；《素问·刺疟篇第三十六》为"以镵针"；《针灸甲乙经·卷七》之"阴阳相移发三疟第五"为"以针"，当是。

［2］针：《黄帝内经太素·卷二十五伤寒》之"十二疟"为"镵"；《针灸甲乙经·卷七》之"阴阳相移发三疟第五"、《素问·刺疟篇第三十六》均为"针"，当是。

［3］出：《黄帝内经太素·卷二十五伤寒》之"十二疟"、《针灸甲乙经·卷七》之"阴阳相移发三疟第五""出"后均有"其"字。《素问·刺疟篇第三十六》与文本同。

［4］至：《黄帝内经太素·卷二十五伤寒》之"十二疟"的"至"应为"之"；《针灸甲乙经·卷七》之"阴阳相移发三疟第五"无"至"字。《素问·刺疟篇第三十六》之"刺疟六十四"为"至阴"。

［5］刺：本卷有作"刾""刺"等诸形，一律为"刺"。

［6］疟不渴，间日而作，刺足太阳：《黄帝内经太素·卷二十五伤寒》之"十二疟"、《素问·刺疟篇第三十六》之"刺疟六十四"均为"疟而不渴，间日而作，刺足太阳"。《针灸甲乙经·卷七·阴阳相移发三疟第五》曰："疟不渴间日而作，《九卷》曰，取足阳明，《素问》刺太阴。"今本《灵枢经·杂病第二十六》为"取足阳明。"

［7］渴而间日作，□足少阳：《黄帝内经太素·卷二十五伤寒》之"十二疟"、《素问·刺疟篇第三十六》之"刺疟六十四"均为"渴而间日作，刺足少阳"，补"刺"字。《针灸甲乙经·卷七·阴阳相移发三疟第五》曰："《九卷》曰，取手少阳，《素问》刺足少阳。"今本《灵枢经·杂病二十六》为"取手阳明"。提示《九卷》与《灵枢经》可能并非同一著作。

［8］篇：据《素问·气厥论篇第三十七》"篇"前补"气厥论"三字，下文内容出自此篇。

［9］寒热：据《素问·气厥论篇第三十七》"寒热"后应补"相移者何"四字，疑抄写者错抄、漏抄。

［10］移：据《素问·气厥论篇第三十七》"移"前后应各补"肾""寒"二字。疑抄写者错抄、漏抄。

［11］痈肿：据《素问·气厥论篇第三十七》"痈肿"后补"少气"二字。

［12］肝：据《黄帝内经太素·卷第二十六寒热》之"寒热相移"、《针灸甲乙经·卷六·五脏传病大论第十》"肝"均为"脾"。杨上善解释："五脏病传，凡有五邪，谓虚、实、贼、微、正等。邪从后来名虚邪，从前来名实邪，从所不胜来名微邪，从胜处来名贼邪，邪从自起名曰正邪。肾移寒于脾，此从不胜来也。谓肾脏得寒，传与脾脏，致令脾气不行于身，故发为痈肿。寒伤谷，故为少气也。新校正云：全元起本作肾移寒于脾。元起注云：肾伤于寒而传于脾，脾主肉，寒生于肉则结为坚，坚化为脓，故为痈也。血伤气少，故曰少气。"从医理讲亦通；另根据作者描述体例，某脏移寒于下一脏，下一脏移寒于下下一脏，"肝"应为"脾"，当是。

［13］于：据《素问·气厥论篇第三十七》"心寒移于肺，肺消，肺消者饮一溲二"，"于"后当补"肺，肺消，肺消者"六字。

［14］钦：据《素问·气厥论篇第三十七》，"钦"当为"饮"，字形相近而误。

［15］不：据《素问·气厥论篇第三十七》"按腹不坚，水气客于大肠"，补"坚，水"二字。

［16］疾：据《素问·气厥论篇第三十七》"疾行则鸣"，"疾"后补"行"一字。

［17］将：据《素问·气厥论篇第三十七》"濯濯如囊裹浆"，"将"改为"浆"。

［18］衄：据《素问·气厥论篇第三十七》"脾移热于肝，则为惊衄"，"衄"前补"则为惊"三字。

［19］移：据《素问·气厥论篇第三十七》"肝移热于心，则死"，"移"重复，存一个"移"。

［20］传为鬲，消渴:《素问·气厥论篇第三十七》作"传为鬲消"。以原卷文本为是，义同。

［21］脉:据《素问·气厥论篇第三十七》，"脉"改为"肺"，字形近而误。

第四节 《诊脉大法》Дх00613

【提要】

《诊脉大法》，见于 Дх00613。该卷现存 28 行文字，字迹工整，首尾均残。1～9 行可见于《灵枢经·卫气行》、10～11 行可见于《灵枢经·五营》、12～16 行可见于《难经·一难》、17～28 行可见于《素问·三部九候论》，内容与《黄帝内经》《难经》中部分内容相似。其内容涉及营卫运行、呼吸定息、法取寸口及三部九候等诊脉基本理论，故仿《千金翼方·诊脉大意》篇名，定名为《诊脉大法》。

【原文】

Дх00613 第 1～16 行，见图 2-4-1 第 1～16 行。

图 2-4-1 《诊脉大法》Дх00613（1）

【录文】

1. 在太阳

2. 在太阳

3. 气[1]在阴分；廿一尅（刻），气在太阳；廿[2]

4. 廿四尅（刻），气在阴分；廿五刻，气在太阳；

5. 此半日之度也，从房至毕十四[3]

6. 行一舍，有水下三刻与十分[4]

7. 人气在太阳，是故日行一宿，人气[5]在

8. 则与天地同纪，纷纷终而复（复）始也

9. 一日一夜水下百刻而尽一度矣，故[6]

10. 寸[7]也，一吸，脉亦再动，气行三寸也，呼[8]

11. 六寸，是其常也。

12. 平[9]人一日一夜，一万三千五百自（息），脉行五[10]

13. 刻，荣卫之气[11]，行阳廿五度[12]，

14. 端[13]會（会）手太阴，荣名脉中[14]

15. 手太阴者，寸口是也[15]。寸口者[16]

16. 生决（决）于寸口[17]，手太阴法水而行，以水有鱼手太阴亦有鱼而象[18]

【校释】

［1］气："气"之前文字残缺。据《黄帝内经太素·卷第十二营卫气·卫五十周》《针灸甲乙经·卷一·气息周身五十营四时十分漏刻第九》、郭霭春《黄帝内经灵枢校注语译》补："水下一刻，人气在太阳；水下二刻，人气在少阳；水下三刻，人气在阳明；水下四刻，人气在阴分。水下五刻，人气在太阳；水下六刻，人气在少阳；水下七刻，人气在阳明；水下八刻，人气在阴分。水下九刻，人气在太阳；水下十刻，人气在少阳；水下十一刻，人气在阳明；水下十二刻，人气在阴分。水下十三刻，人气在太阳；水下十四刻，人气在少阳；水下十五刻，人气在阳明；水下十六刻，人气在阴分。水下十七刻，人气在太阳；水下

十八刻，人气在少阳；水下十九刻，人气在阳明；水下二十刻，人气在阴分。"但 Дх00613 与《黄帝内经太素》、郭霭春《黄帝内经灵枢校注语译》叙述体例不同。前者叙述为"多少刻气在阴分或多少刻在某阳"，后者叙述为"水下某一刻，气在阴分或某阳"。疑抄本经文经过整理加工。马莳《黄帝内经灵枢注证发微》曰："此承上文而详卫气有在阳在阴之时，正当候其气而刺之也。方漏水下一刻，则卫气在足手太阳经；漏水下二刻，则卫气在足手少阳经；漏水下三刻，则卫气在足手阳明经。然卫气慓悍疾利，故日间虽当行于阳经，而又于漏下四刻之时，则入足少阴肾经。本经邪客篇云：卫气者，出其悍气之慓疾，而先行于四末皮肤分肉之间，而不休者也。昼日行于阳，夜行于阴，常从足少阴之分，间行于五脏六腑者是也。故曰水下四刻，卫气在阴分。下文水下八刻、十二刻、十六刻、二十刻、二十四刻，皆曰在阴分者，俱指足少阴肾经而言也。"因此原卷条文应为："一刻，气在太阳；二刻，气在少阳；三刻，气在阳明；四刻，气在阴分；五刻，气在太阳；六刻，气在少阳；七刻，气在阳明；八刻，气在阴分；九刻，气在太阳；十刻，气在少阳；十一刻，气在阳明；十二刻，气在阴分；十三刻，气在太阳；十四刻，气在少阳；十五刻，气在阳明；十六刻，气在阴分；十七刻，气在太阳；十八刻，气在少阳；十九刻，气在阳明；廿刻，气在阴分；廿一刻，气在太阳；廿二刻，气在少阳；廿三刻，气在阳明；廿四刻，气在阴分；廿五刻，气在太阳。"当是。

［2］廿：按照叙述体例补"廿二刻，气在少阳；廿三刻，气在阳明"，当是。

［3］十四：后面有残损。据《针灸甲乙经·卷一·气息周身五十营四时十分漏刻第九》《黄帝内经太素·卷第十二营卫气·卫五十周》，"十四"当为"一十四"，钱熙祚亦曰：原刻"一"误作"二"，依《针灸甲乙经》改。据《黄帝内经太素》"十四"后补"舍，水下五十刻，日行半度，回"；据《针灸甲乙经》补"水下五十刻，半日之度也。从昴至心亦十四度，水下五十刻，终日之度也。日"。补入《甲乙经》文

字与后面"行一舍，有水下三刻与十分"更符合抄本内容。从房至毕……水下五十刻，水下五十刻，半日之度也。从昂至心亦十四度，水下五十刻，终日之度也：张介宾《类经·八卷·二十五》之"卫气营运之次"曰："从房至毕十四舍为阳，主一昼之度，水下当五十刻。从昂至心十四舍为阴，主一夜之度，亦水下五十刻。昼夜百刻，日行共少天一度，故此一昼五十刻，日行于天者半度也。"当是。

〔4〕行一舍，有水下三刻与十分：据《针灸甲乙经》"十分"后补"刻之四，大要常以日加之于宿上也，则知"十六字。杨上善《黄帝内经太素》为："水下三刻与七分刻之二"。其注释曰："回行一舍，水下三刻与七分刻之四，言'七分刻之二'者错矣。置五十刻，以十四舍除之，得三刻十四分之八，法实俱半之，得七分之四也。"张介宾《类经·卷八经络类·二十五》之"卫气营运之次"曰："此言日度五，回行一舍，则漏水当下三刻与七分刻之四。若以二十八归除分百刻之数，则每舍当得三刻与十分刻之五分七厘一毫六四丝有奇，亦正与七分刻之四毫忽无差也。此节乃约言二十八舍之总数，故不论宿度之有多寡也。"故应为"水下三刻与七分刻之四"。杨上善解释说："卫气行三阳上于目者，从足心循足少阴脉上至目，以为一刻。若至于夜，便入肾，常从肾注于肺，昼夜行脏二十五周，明至于目，合五十周，终而复始，以此为准，不烦注解也。"

〔5〕人气："人气"后《黄帝内经太素》《类经》作"行三阳与阴分"，《针灸甲乙经》作"在三阳与阴分"。据《针灸甲乙经》补"在三阳与阴分，常如是无已"十一字，当是。

【按】常如是无已，与天地同纪：张介宾《类经·八卷·二十五》之"卫气营运之次"解释曰："以日行之数，加于宿度之上，则天运人气皆可知矣。此总结上文而言人与天地同其纪也。"

〔6〕故：据《针灸甲乙经·卷一·气息周身五十营四时十分漏刻第九》补"曰刺实者刺其来，刺虚者刺其去，此言气之存亡之时，以候虚实而刺之也"二十九字，当是。张景岳《类经·八卷经络类·二十五》

之"卫气营运之次"曰："黄帝曰：卫气之在于身也，上下往来不以期，候气而刺之奈何？伯高曰：分有多少，日有长短……是故一日一夜，水下百刻，二十五刻者半日之度也……各以为纪而刺之。故曰刺实者，刺其来也；刺虚者，刺其去也。"

【按】刺实者，刺其来也；刺虚者，刺其去也，张介宾解释曰："邪盛者为实，气衰者为虚。刺实者刺其来，谓迎其气至而夺之。刺虚者刺其去，谓随其气去而补之也。"

［7］寸：据《黄帝内经太素·卷第十二营卫气·营五十周》《针灸甲乙经·卷一·气息周身五十营四时十分漏刻第九》，"寸"前补："故人一呼脉再动，气行三"十个字。

［8］呼：《黄帝内经太素·卷第十二营卫气·营五十周》《针灸甲乙经·卷一·气息周身五十营四时十分漏刻第九》，"呼"后补"呼吸定息，气行"六字。

［9］平：《难经·一难》曰："人一日一夜，凡一万三千五百息"，无"平"字。

【按】平人，《素问·平人气象论》曰："人一呼脉再动，一吸脉亦再动，呼吸定息脉五动，闰以太息，命曰平人。"《黄帝内经太素·卷第十五诊候之二》之"尺寸诊"曰："黄帝问岐伯曰：平人何如？对曰：人一呼脉再动，人一吸脉亦再动，命曰平人。平人者，不病也。医不病，故为病人平息以论法也。"

［10］脉行五：据《难经·一难》《千金翼方·卷二十五·色脉》之"诊脉法第二"，"五"后补"十度，周于身，漏水下百"九字。考，《黄帝内经太素》、今本《素问》为"气行五十度"，而《备急千金要方·卷二十八》之"平脉大法第一"、《千金翼方·卷二十五·色脉》之"诊气色法第一"和"诊脉法第二"为"脉行五十度"。

［11］荣卫之气：《难经·一难》为"营卫行阳二十五度"，无"之气"二字，且有"荣卫"和"营卫"之表达不同。考，《灵枢经·营卫生会》曰："夫血之与气，异名同类。何谓也？岐伯答曰：营卫者，精

气也，血者，神气也，故血之与气，异名同类焉。"又说："人受气于谷，谷入于胃，以传与肺，五脏六腑皆以受气，其清者为营，浊者为卫，营在脉中，卫在脉外，营周不休，五十而复大会，阴阳相贯，如环无端。"《难经·三十三难》曰："心者血，肺者气，血为荣，气为卫，相随上下，谓之荣卫，通行经络，营周于外，故令心肺在膈上也。"事实上，异名而同质，都言气血耳。

［12］度：据《难经·一难》补"行阴亦二十五度，为一周也，故五十度复"十六字，当是。

［13］端：疑与"度"音近而误。

［14］荣名脉中：考《难经》《脉经》无此句。

［15］手太阴者，寸口是也：《脉经·卷一·辨尺寸阴阳荣卫度数第四》为"太阴，寸口也"，《难经》无"手太阴者"四字。

［16］者：据《脉经·卷一·辨尺寸阴阳荣卫度数第四》《难经·一难》补"五脏六腑之所终始"八字，当是。

［17］生决于寸口：意为寸口的重要性。《难经·一难》《备急千金要方·卷二十八脉法（凡十六类）·平脉大法第一》《脉经·卷一·辨尺寸阴阳荣卫度数第四》皆有："夫十二经皆有动脉，独取寸口，以决五脏六腑死生吉凶之候者，何谓也？"下文是对其解释。前文已提"寸口者，五脏六腑之所终始"，故"生"前应缺字，应为"死"。"死生决于寸口"为"独取寸口，以决五脏六腑死生吉凶之候者"的同义表达。《难经·一难》作"故法取于寸口"。

［18］手太阴法水而行，以水有鱼手太阴亦有鱼象：《黄帝内经太素·卷第五十二水》《针灸甲乙经·卷一·十二经水第七》《类经·九卷经络类》之"三十三、十二经水阴阳刺灸之度"曰："手太阴外合于河水，内属于肺。"张介宾解释："手太阴经内属于肺，常多气少血，肺为脏腑之盖，其经最高而朝百脉，故外合于河水。"《备急千金要方·卷二十九·针灸上》之"手三阴三阳穴流注法第二（上）"曰："肺，出少商为井，手太阴脉也。流于鱼际为荣。"《难经·十八难》："手太阴、阳

明，金也；足少阴、太阳，水也。金生水，水流下行而不能上，故在下部也。"综上可知，古人把手太阴肺比喻为河水，居高位，水流下行，故曰："手太阴法水而行"，下文以"水有鱼"而认为"手太阴亦有鱼而象"，顺理成章。要之，把手太阴肺比喻为河水，居高位，水流下行。

【原文】

Дх00613 第 17～28 行，见图 2-4-2 第 1～12 行。

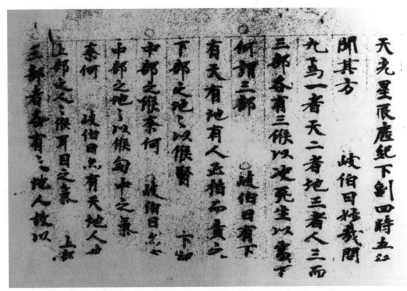

图 2-4-2 《诊脉大法》Дх00613（2）

【录文】

17. 天[19]光星辰历纪，下副四时五[20]

18. 闻[21]其方。岐伯曰：妙哉问[22]

19. 九[23]焉。一者天，二者地，三者人。三而[24]

20. 三部[25]，各有三候，以决（决）死生，以处[26]

21. 何谓三部[27]？岐伯曰：有下[28]

22. 有天[29]，有地，有人。必指而责之[30]，

23. 下部之地，地以候肾[31]，下部

24. 中部之候奈何？岐伯曰：亦[32]

25. 中部之地，地以候匈（胸）中之气[33]

26. 奈何[34]？岐伯曰：亦有天地人也

27. 上部之人，人候耳目之气[35]，上部

28. 三部者，各有天地人[36]，故以[37]

【校释】

［19］天：据《黄帝内经太素·卷第十四诊候之一》《类经·五卷脉色类·三部九候》补"上应"两字。

［20］五：据《黄帝内经太素·卷第十四诊候之一》《类经·五卷脉色类·三部九候》、今本《素问·三部九候论》补"行，贵贱更互，冬阴夏阳，以人应之奈何？"十五字。《素问》《类经》为"贵贱更立"。以"贵贱更互"为是。

［21］闻：据《黄帝内经太素·卷第十四诊候之一》《类经·五卷脉色类·三部九候》、今本《素问·三部九候论》补"愿"一字，当是。

［22］问：据《黄帝内经太素·卷第十四诊候一》《类经·五卷脉色类·三部九候》、今本《素问·三部九候论》补"也，此天地之至数也"八字，当是。

［23］九：据《黄帝内经太素·卷第十四诊候之一》《类经·五卷脉色类·三部九候》、今本《素问·三部九候论》补"天地之至数，始于一，终于"十字，当是。

［24］三而：据《黄帝内经太素·卷第十四诊候之一》《类经·五卷脉色类·三部九候》、今行本《素问·三部九候论》改为"因而"。"而"后补"三三者九，以应九野"八字，当是。

［25］三部：据《黄帝内经太素·卷第十四诊候之一》《类经·五卷脉色类·三部九候》、今行本《素问·三部九候论》补"故人有"三字，当是。《类经》无"故"字。

［26］处：据《黄帝内经太素·卷第十四诊候之一》《类经·五卷脉色类·三部九候》、现行本《素问·三部九候论》补"百病，以调虚实，

而除邪疾"十字，当是。

[27] 何谓三部：《黄帝内经太素·卷第十四诊候之一》作"何谓虚实？"据《针灸甲乙经·卷四·三部九候》《类经·五卷脉色类·三部九候》认为"虚实"有误。"何谓三部"前有："帝曰"二字。

[28] 有下：据《黄帝内经太素·卷第十四诊候之一》《类经·五卷脉色类·三部九候》补"部，有中部，有上部"七字。《针灸甲乙经》作"上部，中部，下部"。

[29] 有天：据《黄帝内经太素·卷第十四诊候之一》《针灸甲乙经·卷四·三部九候》《类经·五卷脉色类·三部九候》补"部各有三候，三候者"八字，当是。

[30] 必指而责之：据《黄帝内经太素·卷第十四诊候之一》《类经·五卷脉色类·三部九候》补"乃以为真"四字。"责之"《太素》作"道之"，《类经》与今本《素问》作"导之"，当是。

[31] 下部之地，地以候肾：《黄帝内经太素·卷第十四诊候之一》《针灸甲乙经·卷四·三部九候》："下部之天以候肝，地以候肾，人以候脾胃之气"更接近原文。《备急千金要方·卷一·论诊候第四》曰："下部天，足厥阴，肝之气也；下部地，足少阴，肾之气也；下部人，足太阴，脾之气也。"《类经·五卷脉色类·三部九候》、今本《素问·三部九候论》为"下部天，足厥阴也；下部地，足少阴也；下部人，足太阴也"。以《黄帝内经太素》为优，故为"下部之天以候肝，地以候肾，人以候脾胃之气"。

[32] 亦：据《黄帝内经太素·卷第十四诊候之一》《类经·五卷脉色类·三部九候》、今本《素问·三部九候》补"有天，亦有地，亦有人"八字。

[33] 之气：据《黄帝内经太素·卷第十四诊候之一》《类经·五卷脉色类·三部九候》、现行本《素问·三部九候》补"人以候心"四字。

[34] 奈何："奈何"前应补"上部候之"四字。据《黄帝内经太素·卷第十四诊候之一》"候之上部奈候"，《类经·五卷脉色类·三部

九候》、现行本《素问·三部九候》"上部候之奈何"，按照上下文体例，以"上部候之奈何"，为是。

［35］上部之人，人候耳目之气：《黄帝内经太素·卷第十四诊候之一》《针灸甲乙经·卷四·三部九候》《类经·五卷脉色类·三部九候》均为"天以候头角之气，地以候口齿之气，人以候耳目之气"。考，《备急千金要方·卷一·论诊候第四》曰："上部天，两额动脉，主头角之气也；上部地，两颊动脉，主口齿之气也；上部人，耳前动脉，主耳目之气也。中部天，手太阴，肺之气也。""上部天"的描述自成一体。相关文字多见于后世文本，但叙述方式不同。

［36］各有天地人：《黄帝内经太素·卷第十四诊候之一》《类经·五卷脉色类·三部九候》、今本《素问·三部九候》均为"各有天，各有地，各有人"，疑抄本者省略简化。

［37］故以：据《黄帝内经太素·卷第十四诊候之一》《类经·五卷脉色类·三部九候》、现行本《素问·三部九候论》补"神脏五，形脏四，故为九脏"。十字，当是。

第三章 《伤寒论》诊法选抄

第一节 《伤寒论·辨脉法》

【提要】

《伤寒论·辨脉法》，见于 S.202 和 P.3287，与今本《伤寒论·辨脉法》内容基本相同，主要记述了阴阳脉法、寸口和跌阳脉法、五脏绝证候与脉象、伤寒欲解时脉象及其他病脉象。其中 S.202 文字较为完整，P.3287 文字残缺较甚。S.202 与 P.3287 原卷均无书名，据内容将其定名为《伤寒论·辨脉法》。

一、S.202

【原文】

S.202 第 1 ～ 11，见图 3-1-1。

图 3-1-1 《伤寒论·辨脉法》S.202（1）

【录文】

1.其[1]脉自［沉而迟，不能[2]］食，身体［重，大[3]］

2.便反坚[4]，名曰阴结，期十四日当剧。

3.问曰：病有洗沂（淅）恶（恶）寒而后反挟（发）热者何？答曰：阴脉不足，阳［往[5]］

4.从之。阳脉不足，阴往乘（乘）之。何谓阳不足？答曰：假令阳微[6]，［为[7]］

5.阳不足，阴气入阳则恶寒。何谓阴不足？答曰：尺脉弱为［阴[8]］

6.不足。阳气下流入阴中，则发热。

7.脉阳浮阴濡而弱，弱则血虚，血虚则伤筋（筋）。其脉沉，营气［微。其[9]］

8.脉浮，则汗出如流（流）珠，卫气衰。营气微，加烧针畱（留）［不行，更发[10]］

9.热而躁烦（烦）。脉蔼蔼如车之盖，名曰阳结。累累如顺长竿，名曰阴

10.结。嗫嗫如吹榆荚，名曰数[11]。瞥瞥如羹上肥者，阳气微[12]。萦萦如蜘

11.蛛糸（丝）者，阳气衰[13]。绵绵如漆之绝者[14]，亡其血。

【校释】

［1］其：此字以上缺，据人民卫生出版社1955年版《金匮玉函经·辨脉法第二》，此处缺脱的文字为“问曰：脉有阴阳，何谓也？答曰：凡脉大为阳、浮为阳、数为阳、动为阳、滑为阳；脉沉为阴、涩为阴、弱为阴、弦为阴、微为阴。阴病见阳脉者生，阳病见阴脉者死。脉有阳结阴结者，何以别之？答曰：其脉浮而数，能食不大便，此为阳结，期十七日当剧”。

［2］沉而迟，不能：原卷脱，据《玉函》本校补。

［3］重，大：原卷字残，据《玉函》本校补。

［4］坚：宋本《伤寒论》作“鞕”。

[5]往：原卷残脱，据《玉函》本校补。

[6]阳微:《玉函》本、宋本均作"寸口脉微"，与下文"尺脉弱为阴不足"相对。

【按】"阳微"亦通，《难经·二难》云："脉有尺寸，何谓也？然：尺寸者，脉之大要会也。从关至尺是尺内，阴之所治也；从关至鱼际是寸内，阳之所治也。故分寸为尺，分尺为寸。故阴得尺内一寸，阳得寸内九分。尺寸终始，一寸九分，故曰尺寸也。"相同的文字还见于《脉经·辨尺寸阴阳荣卫度数》。《千金翼方·卷第十五色脉·诊脉大意第二》亦云："脉有尺寸者，从关至尺是尺内阴之所治，从关至鱼际是寸内阳之所治。寸口位八分，关上位三分，尺中位八分，合三部一寸九分。寸口关上为阳，阳脉常浮而速，尺中为阴，阴脉常沉而迟。"可见汉唐是论脉，"阳"即指寸口，"阳微"指的是"寸口脉微"。S.202抄写者可能将"寸口脉微"简略写成"阳微"。

[7]为：原卷残脱，据《玉函》本校补。

[8]阴：原卷残脱，据《玉函》本校补。

[9]微。其：原卷残脱，据《玉函》本校补。

[10]不行，更发：原卷残脱，据《玉函》本校补。

[11]数:《玉函》本作"散"。

【按】当以"散"为是。《脉经·卷一·脉形指下形状秘决第一》曰："数脉，去来急促。""散脉，大而散。"《素问·平人气象论》曰："平肺脉来，厌厌聂聂，如落榆荚，曰肺平。"张隐庵注："聂聂，轻小也。""聂聂如吹榆荚"当是轻而散大之象。

[12]阳气微:《玉函》本作"阳气脱"。

【按】《脉经·卷四·辨三部九候脉证第一》曰："寸口脉，如羹上肥，阳气微。"《诸病源候论·卷之四虚劳病诸候下》之"六十九、虚劳阴萎候"曰："肾开窍于阴，若劳伤于肾，肾虚不能荣于阴器，故萎弱也。诊其脉，瞥瞥如羹上肥，阳气微。"《备急千金要方·卷二十八脉法》之"三关主对法第六"亦曰："寸口脉，如羹上肥，阳气微。""瞥瞥如羹上肥"为脉来轻浮而散之象，故此脉主阳气衰微欲脱。

　　[13] 阳气衰:《玉函》本、宋本均作"阳气衰",《圣惠方》本作"阴气衰"。

　　【按】《脉经·卷四·辨三部九候脉证第一》曰:"连连如蜘蛛丝,阴气衰。"《诸病源候论·卷之四虚劳病诸候下》之"虚劳阴痿候"曰:"肾开窍于阴,若劳伤于肾,肾虚不能荣于阴器,故痿弱也。诊其脉,连连如蜘蛛丝,阴气衰。"《备急千金要方·卷二十八脉法》之"三关主对法第六"亦曰:"连连如蜘蛛丝,阴气衰。"

　　【又按】"萦萦如蜘蛛丝"或"连连如蜘蛛丝"为脉来沉细欲绝之象,此脉主气衰微。《伤寒论·辨少阴病脉证并治》曰:"少阴病,脉微,不可发汗,亡阳故也。"又《脉经·辨脉阴阳大法》曰:"脉有阴阳之法,何谓也?……浮者阳也,沉者阴也,故曰阴阳。"可见沉脉主阴,脉来"沉细欲绝",故《濒湖脉学·微脉》曰:"阴气衰。"二者表述虽异,实质相同,皆指"气衰微"。

　　[14] 绵绵如漆之绝者:《玉函》本、宋本、《圣惠方》本"漆"上均有"泻"字。金·成无己在《注解伤寒论》中曰:"绵绵者,连绵而软也。如泻漆之绝者,前大而后细也。"明·李梴在其《医学入门·卷一诊脉》之"诸脉相兼主病"曰:"濡为亡血,为冷痹。仲景云:脉来绵绵,如泻漆之绝,前大后小者,亡其血也。"《医宗金鉴·订正仲景全书伤寒论注》之"辨霍乱病脉证并治篇"下"平脉法篇"中注曰:"绵绵如泻漆之绝者,形容脉之沉而无力,即前荣气微之弱脉。故曰:亡其血也。"

　　【按】《康熙字典》曰:"漆,木名。《诗经·鄘风》椅桐梓漆。"盖漆即漆树,漆树之树干韧皮带可割取生漆。割漆时,漆树被斜着割开月牙形的小口后,生漆就会沿着割开的口子边缘流出来。割漆人一般用长约10厘米且要硬一点的树叶,对折后形成一个小的容器,插进口子下方,让生漆慢慢流入树叶中,一两个小时后便可收漆。绝,落也。《离骚》:"虽萎绝亦何伤兮,哀众芳之芜秽。"王逸注:"绝,落也。""绵绵如漆之绝"为脉来濡弱而涩之象。《脉经·卷八·平惊悸衄吐下血胸满瘀血脉证第十三》亦曰："寸口脉微而弱，气血俱虚，男子则吐血，女子则下血。"

【原文】

S.202第12～23行，见图3-1-2第3～14行。

图3-1-2 《伤寒论·辨脉法》S.202（2）

【录文】

12.脉来缓，时一止复来，名曰结。

13.脉来时数[15]，一止，名曰促。

14. 脉阳盛即促，阴盛即缓。病阴阳相薄[16]名曰动。阳动即汗出，

15. 阴动即瘛（发）热。形冷而寒，此为进[17]。数脉见于關（关）上，无无头，大

16. 如大豆，厥厥动摇，名为动。脉[18]浮大濡，阴浮与阳同荨（等），故名

17. 之为缓。夫脉浮紧，名为弦。

18. 脉紧者，如转索无常。

19. 脉弦，状如弓弦，案（按）之不移。

20. 脉弦而大，弦即为藏[19]，大即为茎[20]（芤），藏即为寒，芤即为虚，寒芤

21. 相薄（搏），脉即为革，妇人即半产而漏下，男子即亡血[21]。问曰：病有

22. 战而汗出曰（因）得解者何？答曰：脉浮而紧，案（按）之反芤，此为本虚，

23. 故当战而汗出。其人本虚，是以发战。其脉反浮，故当汗出乃

【校释】

[15] 时数：《玉函》本、宋本均作"数时"，"数"属上句，"时"属下句。

[16] 薄：薄，通"迫"。晋代李密《陈情表》曰："日薄西山，气息奄奄；人命危浅，朝不虑夕。"

[17] 此为进：《玉函》本、宋本均作"次三焦伤也"，但应以 S.202 为是。

【按】阴阳之气相击，其脉为动。此句"阳动即汗出，阴动即发热"为互文。动为阳气妄动，故当汗出发热。《素问·阴阳别论》曰："阳加于阴谓之汗。"而反形冷而寒，为阳气大虚，况下文曰："阳微即恶寒，阴弱即发热。"可见形冷而寒确为"阳微"，故曰病"进"。

[18] 脉：《玉函》本、宋本"脉"上有"阳"字。

[19] 藏：《玉函》本、宋本"脉"均作"减"。今人湖北中医药大

学李今庸教授认为，"减"为"紧"之借字，《伤寒论·辨脉法第一》说："脉浮而紧者，名曰弦也。弦者，状如弓弦，按之不移也。脉紧者，如转索无常也。"说明"弦"和"紧"二脉劲急相类，唯弦脉"状如弓弦，按之不移"，而紧脉则是"按之如转索，左右弹也"。故"减"字应当为"紧"之借字。"紧""减"一声之转。

［20］茎:《玉函》本、宋本均作"茋"，下同。

［21］亡血:《玉函》本、宋本"亡血"下均有"失精"二字。

【原文】

S.202 第 24 ～ 34 行，见图 3-1-3 第 3 ～ 13 行。

图 3-1-3 《伤寒论·辨脉法》S.202（3）

【录文】

24. 解。若脉浮数，案（按）之不茋，此人本虚[22]，若欲自解，但汗出耳，不

25. 发战也。

26. 问曰：病有不战，复不[23]汗出而解者何？答曰：其脉大浮而数，故

27. 知汗出而解。

28. 问曰：病有不战复不汗出而解者何？答曰：其脉自微弦[24]，此曾

29. 以发汗，若吐，若下，若亡血，无津液，阴阳自和，自愈，故不战不

30. 汗出而解。问曰：伤寒三日，其脉浮数而微，人凉身和何？

31. 答曰：是为欲解，解以夜半。浮而解者，濈然[25]而汗出。数而解者必

32. 能食。微而解者，而大汗出。问曰：脉病欲知愈不[26]，何以别

33. 之？答曰：寸口、关上、尺中三处，大小、浮沉、迟疾同等。虽有寒热不解，

34. 脉阴阳为平，当剧今愈[27]。问曰：立夏得浮大脉，是其位，其人

【校释】

[22] 此人本虚：宋本亦是，《玉函》本作"此本不虚"，当是。

[23] 复不：《玉函》本、宋本均此二字，仅作"而"，当是。此处涉下句而误。

[24] 弦：《玉函》本、宋本均此字，当是。

[25] 濈然：《说文》："濈，和也。"濈然，遍身汗出貌。

[26] 不：同"否"。

[27] 当剧今愈：据文义当为"今剧今愈"。

【原文】

S.202 第 35 ～ 46 行，见图 3-1-4 第 3 ～ 14 行。

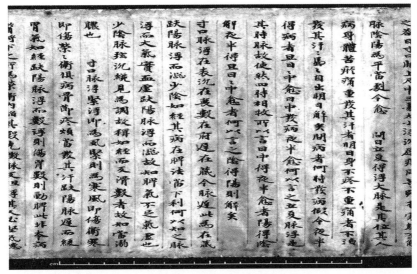

图 3-1-4 《伤寒论·辨脉法》S.202（4）

【录文】

35. 病身体苦瘀痛，重发其汗者[28]，明日身不疼不重痛者，不湏
（须）

36. 发其汗，汗虿虿[29]自出，明日解矣。问病者何时发病？假令
夜半

37. 得病者，旦日[30]日中愈。日中发病，夜半愈。何以言之？立夏
脉浮，是

38. 其时脉，故使然，四时相救[31]。所以言日中得夜半愈者，阳
得阴

39. 解。夜半得，且[32]日日中愈者，何以言之？阴得阳则解矣。

40. 寸口脉浮在表，沉在里，数在府（腑），遟（迟）在蔵（脏）。
今脉迟，此为在脏。

41. 跌阳脉浮而澁（涩），少阴如经[33]，其病在脾，法当下利。何
以知之？脉

42. 浮而大，气实血虚[34]。跌阳脉浮而涩，故知脾气不足，气
虚也。

43. 少阴脉弦沉，才见，为调，故称如经。而反滑数者，故知当溺

44. 脓也。寸口脉浮紧，浮即为风，紧则为寒。风即伤卫，寒

45. 即伤荣，荣卫俱病，骨节疼烦，当发其汗。趺阳脉迟而缓

46. 胃气如经。趺阳脉浮而数，浮则伤胃，数则动脾。此非本病，

【校释】

［28］发其汗者：《玉函》本、宋本均作"须发其汗"。

［29］舃舃：《玉函》本、宋本均作"漐漐"。今人南京中医药大学沈澍农教授认为，马当为舃之形讹，而"舃"通"漐"，汗出貌。《伤寒论·辨太阳病脉证并治上第五》桂枝汤下曰："温覆令一时许，遍身漐漐微似有汗者，益佳。不可令如水流漓，病必不除。"

［30］旦日：明日。《汉书·高帝纪上》："于是飨士，旦日合战。"颜师古注："旦日，明日也。"

［31］何以言之……四时相救：从"何以言之"至"四时相救"十九字，《玉函》本、宋本均作"何以言之？立夏脉洪大，是其时脉，故使然也。四时仿此"，位于"明日解矣"之下，应是。S.202之顺序应是抄录前前后行文字颠倒所致。另，"四时相救"亦当为"四时仿此"，此举夏脉以类脉以类推其余三时之脉。

［32］且："旦"之误，形近致误。

［33］如经：《广雅》："经，常也。"如经，即如常。

［34］脉浮而大，气实血虚：此句《玉函》本、宋本、《圣惠方》本皆有，但文义与上下文不属，疑为衍文。

【原文】

S.202第47～57行，见图3-1-5第3～13行。

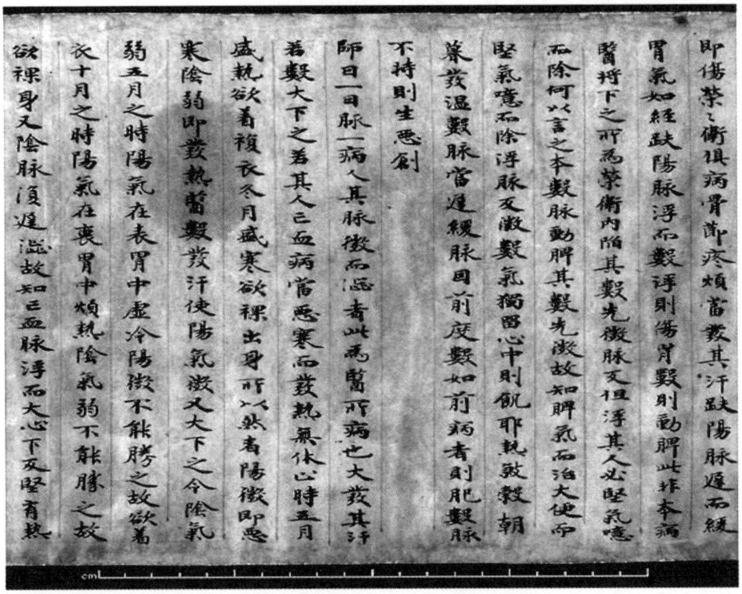

图 3-1-5 《伤寒论·辨脉法》S.202（5）

【录文】

47. 医将[35]下之所为。荣卫内陷，其数先微，脉反但浮，其人必坚[36]，气噫

48. 而除。何以言之？本数脉动脾[37]，其数先微，故知脾气而[38]治，大便而

49. 坚，气噫而除，浮脉反微数[39]，气[40]独留，心中则饥。耶（邪）热煞（杀）[41]谷，朝

50. 暮发温[42]，数脉当迟缓，脉因前度[43]，数如前，病者则肥（肥）[44]，数脉

51. 不时，则生恶（恶）疮。

52. 师曰：一日脉一病人，其脉微而涩者，此为医所病也。大发其汗，

53. 若数大下之，若其人亡血，病当恶寒而发热无休止。时五月[45]

54. 盛热，欲着複（复）衣。冬月盛寒，欲裸（裸）出身。所以然者，阳微即恶

55. 寒，阴弱即发热，医数发汗，使阳气微，又大下之，令阴气

56. 弱。五月之时，阳气在表，胃中虚冷，阳微不能胜之，故欲着

57. 衣。十月[46]之时，阳气在里。胃中烦热，阴气弱不能胜之，故

【校释】

[35] 将：《玉函》本、宋本均作"特"，当是。形近而误。

[36] 坚：《玉函》本"坚"字上有"大便"二字。

[37] 本数脉动脾：《脉经·卷七·病不可下证第六》《玉函》均作："脾脉本缓，今数脉动脾"，宋本无"脾脉本缓，今"五字，应以《脉经》《玉函》为是。

【按】《素问·平人气象论》曰："平脾脉来，和柔相离，如鸡践地。"张景岳《类经》注曰："和柔，雍容不迫也。相离，匀净分明也。如鸡践地，从容轻缓也。此即充和之气，亦微奭弱之义，是为脾之平脉。"可见脾脉本缓。

[38] 而：《玉函》本、宋本均作"不"，当是。涉下而误。

[39] 浮脉反微数：《玉函》本、宋本均作"今脉反浮，其数改微"。

[40] 气：《玉函》本、宋本"气"上均有"邪"字。

[41] 煞（杀）：《玉函》本、宋本"杀"上均有"不"字。

[42] 朝暮发温：《玉函》本、宋本均作"潮热发渴"。

[43] 脉因前度：因，承袭。"脉因前度"即又出现前面的脉象。前曰"其数改微"，故后云"数如前"。

[44] 肥（肥）：《玉函》本、宋本均作"饥"。

[45] 五月：《玉函》本、宋本均作"夏月"。

[46] 十月：《玉函》本、宋本均作"十一月"。

【原文】

S.202 第 58～69 行，见图 3-1-6 第 2～13 行。

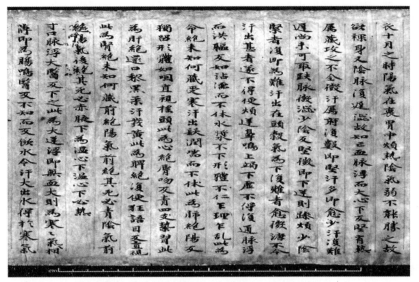

图 3-1-6 《伤寒论·辨脉法》S.202（6）

【录文】

58. 欲裸身。又阴脉复迟涩，故知亡血。脉浮而大，心下反坚，有热，

59. 属藏，攻之，不令微汗[47]。属府，复数[48]即坚[49]。汗多即愈，少汗复难[50]。

60. 迟（迟）尚未可取[51]。跌脉[52]微涩，少阴反坚[53]，微即下送（逆），则[54]躁烦。少阴

61. 紧者，复[55]即为难。汗出在头，谷气为下。复难者愈微溏[56]，不令

62. 汗出。甚者遂不得便[57]，烦逆鼻鸣，上竭下虚，不得复通。脉浮

63. 而洪，躯反如沾濡而不休，水浆不下，形体不仁，乍理乍乱[58]，此为

64. 命绝。未知何藏受寒[59]，汗出发润，喘而不休，此为肺绝。阳反

65.独留，形体如咽（烟）[60]，视摇（摇）头，此为心绝。屑（唇）吻反青，四支（肢）瘈习[61]，此

66.为肝绝。還（环）口黎（黧）黑，柔汗[62]发黄，此为脾绝。复便[63]，狂语，目反直视，

67.此为肾绝。未知何藏前绝[64]。阳气前绝[65]，其死必青；阴气前

68.绝，阳气后绝，其死必赤。腋下为温，心下温[66]，心下必热。

69.寸口脉浮大，医反下之，此为大逆。浮即无血，大则为寒。寒气相

【校释】

［47］微汗:《玉函》本、宋本均作"发汗"。

［48］复数:《玉函》本、宋本均作"溲数"，当是。

［49］坚：指大便坚。

［50］少汗复难:《玉函》本"汗少即便难"，宋本作"汗少则便难"，应均非。

［51］取:《玉函》本、宋本均作"攻"。

［52］跌脉:《玉函》本作"跌阳脉"。

［53］少阴反坚：指少阴脉紧。

［54］则：据《玉函》本、宋本，其上脱一"涩"字。

［55］复:《玉函》本作"便"，《敦煌医粹》作"溲"。

【按】似应以"溲"为是，下一"复难"同。少阴脉紧注少阴阳虚有寒，《脉经·卷八·平水气黄汗气分脉证第八》曰:"少阴脉紧而沉，紧则为痛，沉则为水，小便即难。"《脉经·卷九·平带下绝产无子亡血居经证第四》曰:"少阴脉浮而紧，紧则疝瘕，腹中痛，半产而堕伤。浮则亡血，绝产，恶寒。"下文"汗出在头，谷气为下"（谷气为下即下利）亦是少阴阳虚有寒，津液外泄之症。少阴阳虚有寒则"溲即便难"。

［56］复难者愈微溏:"愈"，《玉函》经作"令"。少阴阳虚有寒之

小便难则欲大便微溏，而不欲下利，否则重亡阳气与津液。

[57] 甚者遂不得便：少阴阳虚有寒之小便难既不欲下利，亦不欲大汗出，故前文曰："不令汗出。"若下利或大汗出，则重亡阳气与津液，中和小便闭塞不通。因阳气与津液虚竭，故下文曰："上竭下虚，不得复通"，小便故不能再通。

[58] 乍理乍乱：《玉函》本、宋本、《圣惠方》本均作"乍静乍乱"。成无己《注解伤寒论》说："争则乱，安则静，乍静乍乱者，正与邪争，正负邪盛也。"刘渡舟在《伤寒论校注》中说："乍静乍乱，忽而安静，忽而烦躁。"

【按】《说文解字》曰："顺，理也。""乍理乍乱"则为病人"身汗不止，水浆不下，形体不仁"等病症时而缓解，时而加重。究医学之术临床，似应以 S.202 义长。

[59] 寒：《玉函》本、宋本均作"灾"，当是。

[60] 咽（烟）：据宋本"烟"后脱一"熏"。

[61] 紮习：紮，《玉函》、宋本、《圣惠方》本均作"漐"，应是。成无己《注解伤寒论》曰："漐习者，为振动，若搐搦，手足时时引缩也。"刘渡舟在《伤寒论校注》曰："四肢漐习，为四肢震颤、摇动不休貌。"

【按】漐，汗出貌。《伤寒论·辨太阳病脉证并治上》曰："温覆令一时许，遍身漐漐微似有汗者，益佳。"习，《说文》："数飞也"，引为肢体震颤。四肢漐习者，四肢汗出而又震颤动摇者。

[62] 柔汗：即冷汗。成无己《注解伤寒论》曰："柔为阴，柔汗，冷汗也。"刘渡舟在《伤寒论校注》曰："柔汗，冷汗。"

[63] 复便：《玉函》本、宋本均作"溲便"，其下有"遗失"两字。

[64] 前绝：《玉函》本、宋本、P.3287 本之前均有"阴阳"二字。

[65] 阳气前绝：《玉函》本其后有"阴气后竭者"五字，宋本、P.3287 本之后作"阴气后竭者"。据前后文义，此处应是误讹。

[66] 心下温：《玉函》本、宋本、P.3287 本均无此三字，据前后文义，此应是衍文。

【原文】

S.202 第 70 ～ 81 行，见图 3-1-7 第 2 ～ 13 行。

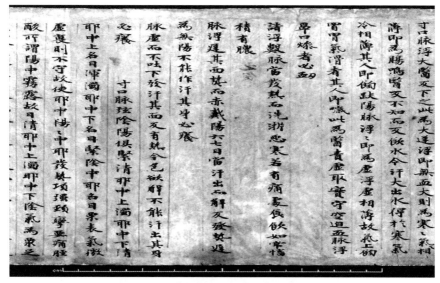

图 3-1-7 《伤寒论·辨脉法》S.202（7）

【录文】

70. 薄（搏），即为肠鸣。医反不知，而反饮水，令汗大出。水得于寒，气

71. 冷相薄，其人即饐[67]（噎）。趺阳脉浮，浮即为虚，浮虚相薄，故气上噎。

72. 胃[68]（言）胃气[69]滑[70]者，其人即哕。此为医责虚取实，守空迫血。脉浮

73. 鼻口燥者，必衄（衄）。

74. 诸浮数脉，当发热，而洗淅（洒淅）恶（恶）寒，若有痛处，食饮如常，惛（畜）

75. 积有脓。

76. 脉浮遟（迟），其面热而赤，戴阳六七日，当汗出而解，反发热。迟

77. 为无阳，不能作汗，其身必痒。

78. 脉虚而不吐、下、发汗，其面反有热。今色欲解，不能汗出，其身

79. 必痒。寸口脉弦，阴阳俱紧，清耶（邪）中上，濁（浊）耶（邪）中下，清

80. 邪中上，名曰浑[71]，浊邪中下，名曰紧[72]，阴中邪，名曰栗[73]（慄）。表气微（微）

81. 虚，里则不守，故使邪中阳[74]。阳中邪，发热[75]，项强颈挛，要（腰）痛胫

【校释】

［67］餶：《玉函》、宋本作"噎"。

［68］胃：《玉函》、宋本均作"言"，S.202 当是误抄。

［69］胃气：《玉函》、宋本"胃气"之下均有"虚竭也"，三字，应是。"言胃气虚竭也"属上句，是对"气噎"的病机解释。

［70］滑：《玉函》、宋本其上均有"脉"字。

［71］浑：《玉函》、宋本均作"洁"。

［72］紧：《玉函》、宋本均作"浑"。

【按】S.202 此句前后皆误，考其因，"洁"，古有异体作"絜"，《史记·五帝纪》："直哉维静絜。""絜"与"紧"形近，疑此句先是"洁"误作"紧"，后文前后颠倒所致。

［73］名曰栗：《玉函》、宋本其上均有"必内栗"。

［74］阳：《玉函》、宋本均作"阴"，当是。

【按】表为阳，里为阴，"里则不守"，故使邪中于阴。

［75］发热：《玉函》、宋本"发热"下均有"头痛"两字。

【原文】

S.202 第 82 ～ 93 行，见图 3-1-8 第 2 ～ 13 行。

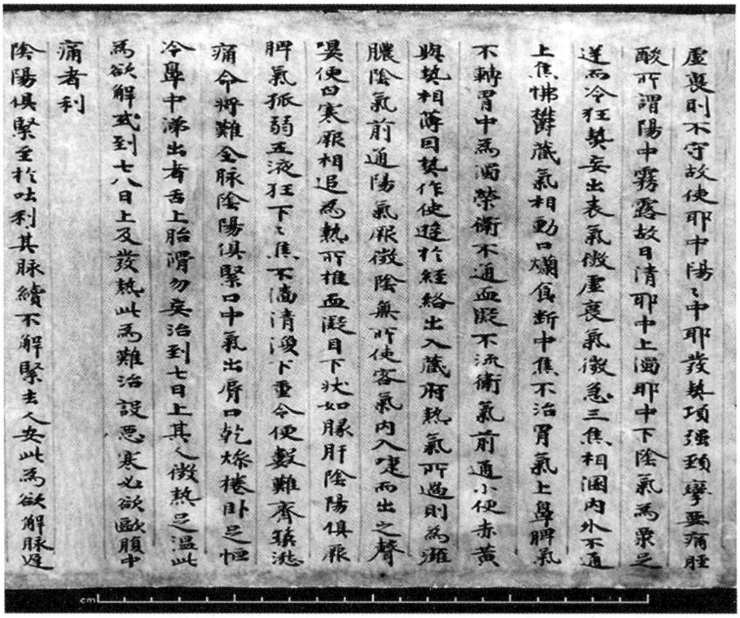

图 3-1-8 《伤寒论·辨脉法》S.202（8）

【录文】

82.酸，所谓阳中雾露。故曰清邪中上，浊邪中下。阴气为栗，足

83.逆而冷。狂热[76]妄出，表气微虚，里气微急，三焦相溷[77]，内外不通。

84.上焦怫爵（郁），脏气相动，口烂食断[78]。中焦不治，胃气上鼻[79]，脾气

85.不转，胃中为浊。荣卫不通，血凝不流，卫气前通[80]，小便赤黄，

86.与热相薄，因热作使，遊（游）于经络，出入藏府，热气所过，则为痈（痛）

87.脓。阴气前通，阳气厥微，阴无所使，客气内入，嚏（嚏）而出之，声

88.嗢便白[81]，寒厥相追，为热所推，血凝目（自）下，状如豚（豚）肝，阴阳俱厥，

89.脾气孤弱，五液狂[82]下，下焦不濇，清溲下重，令便数难，齐筑[83]湫

90.痛[84]，命将难全。脉阴阳俱紧，口中气出。唇口干燥，棬（蜷）卧，足恒

91.冷，鼻中涕出者，舌上胎（苔）滑，勿妄治。到七日上，其人微热，足温，此

92.为欲解；或到七八日上，反发热，此为难治。设恶（恶）寒，必欲欧（呕），腹中

93.痛者利。

【校释】

［76］狂热：《玉函》本作"溲便"，宋本作"便溺"，二者义同，当是。

［77］三焦相溷：溷，"混"的异体字。三焦相溷，为上、中、下三焦功能彼此紊乱，故下文曰"内外不通"。

［78］食断：食，亏损，后作"蚀"。《史记·货值列传》："以物相贸易，腐败而食之货勿留。"断，《玉函》、宋本均作"䠞"。"䠞"同"龈"，即牙龈。食断即蚀龈，指牙龈烂蚀。《太平圣惠方·卷八·辨伤寒脉候》此处作"致口烂蚀䠞"。

［79］胃气上鼻：《玉函》、宋本均作"胃气上冲"。

［80］卫气前通：成无己《注解伤寒论》曰："卫气前通者，阳气先通而热气得行也。"吴谦《医宗金鉴·订正仲景全书伤寒论注》曰："卫气先通。"

【按】此"前"字，成氏与吴氏都做"先"字解，非矣。《金匮要略·水气病脉证并治第十四》云："阳前通则恶寒，阴前通则痹不仁。"《金匮要略广注校诠·水气病第十四》据《说文》徐颢笺言，训"前"为"勤"，认为"前通"即"勤通"，为"流通不止"义。此亦即此处"前通"之义。卫气流通不止，荣气因而耗散，则邪热内生而为痛脓。下文"阴气前通"义同，荣卫流通不止，卫气因而耗散，则寒邪内客而

为"声嗳便白"。

［81］嗳便白:《玉函》、宋本均作"声喔咽痛"。

【按】"嗳"可能为"噎"之记音字。"喔",《说文解字》曰:"喔,咽也。"段注曰:"咽当作噎,声之误。"故"声喔"即"声噎",又可能被记为"声嗳"。如此,则《玉函》、宋本质"咽塞"二字可能本是对"声喔"注释,而 S.202 之"便白"就是《玉函》及宋本所脱之文。

［82］狂:《玉函》、宋本均作"注"。

［83］齐筑:齐,通"脐"。齐筑,即脐周动悸感。《伤寒论·辨霍乱病脉证并治》理中丸下曰:"若脐上筑者,肾气动也,去术,加桂四两。"

［84］漖（jiǎo）痛:漖痛即痛,腹中搅乱剧痛貌。

【原文】

S.202 第 94 ～ 103 行,见图 3-1-9 第 3 ～ 12 行。

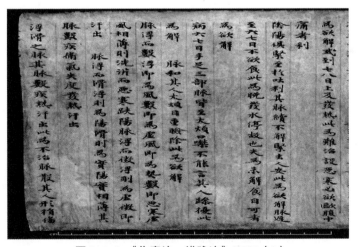

图 3-1-9 《伤寒论·辨脉法》S.202（9）

【录文】

94.阴阳俱紧,至于吐利,其脉续不解,紧去人安,此为欲解。

脉迟

95.至六七日，不欲食，此为晚发，水停故也，夫[85]为未解；食自可者，

96.为欲解。

97.病六七日，手足三部脉皆至，大烦，口噤不能言，其人躁扰，此

98.为解[86]。脉和，其人大烦，目重睑除[87]，此为欲解。

99.脉浮而数，浮即为风，数即为虚，风即为热，数即恶寒。虚

100.风相薄（搏），则洗洒（淅）而恶寒。趺阳脉浮而微，浮则为虚，微即

101.汗出。脉浮而滑，浮则为阳，滑则为实，阳实相薄，其

102.脉数疾，卫气失度，发热汗出。

103.浮滑之脉，其脉数疾，热汗出，此为不治[88]。脉散，其人形损伤[89]。

【校释】

[85] 夫：《玉函》、宋本均无此字，疑衍。

[86] 解：《玉函》、宋本"解"上均有"欲"字，当是。

[87] 目重睑除：除，愈也。《方言·第三》曰："差、间、知，愈也。南楚病愈者谓之差，或谓之间，或谓之知。知，通语也。或谓之慧，或谓之憭，或谓之瘳，或谓之蠲，或谓之除。"目重，眼睑肝肿胀沉重。睑除，眼睑病证得愈。

[88] 浮滑之脉，其脉数疾，热汗出，此为不治：此十五字，《玉函》、宋本皆并入前文"卫气失度"之下，作"浮滑之脉数疾，发热汗出，此为不治"。

[89] 伤：此字以下缺，据《玉函》此处脱文如下："寒而咳，上气者死。脉微而弱，微即为寒，弱即发热。当骨节疼痛，烦而极，出汗。寸口脉濡而弱，濡即恶寒，弱即发热。濡弱相搏，脏气衰微，胸中苦烦，此非热结，而反劫之，居水渍布冷铫贴之，阳气遂微，诸腑无所依，阴脉凝聚，结于心下，而不肯移，胃中虚冷，水谷不化，小便纵

通，复不能多，微则可救，聚寒在心下，当奈何。"

二、P.3287

【原文】

P.3287 第 61 ～ 67 行，见图 3-1-10 第 8 ～ 14 行。

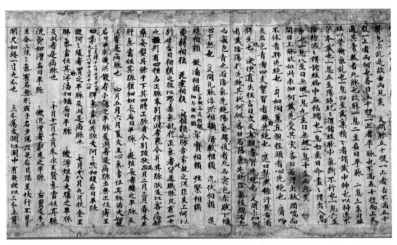

图 3-1-10 《伤寒论·辨脉法》P.3287（1）

【录文】

61. 问曰：上脉状如此[1]，未知何脏先受其灾？答曰：若汗出发润，喘而

62. 不休者，肺先绝也。身[2]如烟熏，直视摇头者，心先绝也。唇吻

63. 反出色青者、四支（肢）絷习[3]者，肝先绝也。还（环）口梨（黧）黑、柔汗[4]发黄者

64. 脾先绝也。溲[5]便遗失（屎）、狂言、目皮（反）直视者，肾先绝也。又问：未知何

65. 者脏阴阳于先绝，其状何似？答曰：若阳气先绝，阴气后竭者死，

66. 必宾[6]（肉）色青也。若阴气先绝，阳气后竭者死，必肉色赤，腋下煖（暖），

67. 心下热也。

【校释】

［1］上脉状如此：可知"上脉"有所指。《玉函》本、宋本、S.202 之"又未知何脏先受其灾"前有条文，"脉浮而洪，身汗如油，喘而不休，水浆不下，形体不仁，乍静乍乱，此为命绝也"。

［2］身：《玉函》本、宋本、S.202 均作"形体"，应是。且"身"前均有"阳反独留"四字。阳反独留，成无己《注解伤寒论》曰："为身体大热，是血先绝而气独在也。"形体如烟熏注释为："为身无精华，是血绝不荣于身也"。

［3］絷习：絷，《玉函》、宋本、《圣惠方》均作"㸩"，应是。成无己《注解伤寒论》曰："㸩习者，为振动，若搐搦。手足时时引缩也。"刘渡舟在《伤寒论校注》曰："四肢㸩习，为四肢震颤摇动不休貌"。

【按】㸩，汗出貌。《伤寒论·辨太阳病脉证并治上》曰："温覆令一时许，遍身㸩㸩，微似有汗者，益佳"；习，《说文》："数飞也。"引为肢体震颤。四肢㸩习者，四肢汗出而又震颤动摇者。

［4］柔汗：即冷汗。成无己《注解伤寒论》曰："柔为阴，柔汗，冷汗也。"刘渡舟《伤寒论校注》曰："柔汗，冷汗。"

［5］溲：《玉函》本、宋本均为"溲"。S.202 作"复"，疑非。

［6］宍：宍，同"肉"，音同。"宍"前之"死"，《玉函》、宋本均有"其人"。《玉函》曰："若阳气先绝……其人死，身色必青，肉必冷；阴气先绝……其人死，身色必赤。"宋本无"肉必冷"。S.202 为"……其死必青……其死必赤"。S.202 与 P.3287 均有文字简化，以宋本为佳。

第二节 《伤寒论·伤寒例》P.3287

【提要】

《伤寒论·伤寒例》，见于敦煌文献 P.3287 所载内容的第二部分。原卷子本部分未命名，基于其内容与今本《伤寒论·伤寒例》中的数段文字相同，主要讨论了伤寒病的起病、表里证的治则与治法、两感病的治则与治法等内容。故将其定名为《伤寒论·伤寒例》。关于《伤寒论·伤寒例》的作者与成书年代问题，在敦煌卷子发现以前，中外学者有不同看法。日本人木村长久认为是张仲景原著，明代黄仲理及清代柯琴认为是晋代王叔和所著，清代曹禾认为是唐宋之际人传抄《伤寒论》时改编，日本人川越正淑认为是五代高继冲编入，明代方有执认为是金代成无己所编。敦煌本《伤寒论·伤寒例》的发现虽仍不能确定其作者，但起码能证实其不是出自宋后。

【原文】

P.3287 第 32 ～ 50 行，见图 3-2-1 第 6 ～ 24 行。

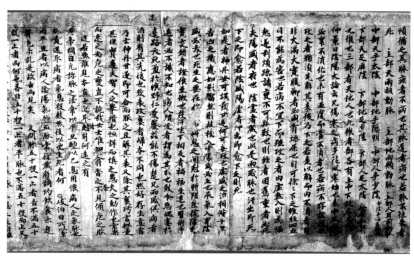

图 3-2-1 《伤寒论·伤寒例》P.3287

【录文】

32. 仲景曰[1]:《阴阳大论》云：凡伤寒[2]之病，多从风寒始也[3]。表[4]中风寒，

33. 必里[5]不消化[6]也。未有温覆而当，不消者[7]也。若病[8]不存证[9]，疑[10]欲

34. 攻之者，犹须先解其表，后乃[11]下之。若表以（已）解而内不消者，自

35. 非大满大实腹鞕者[12]，必内有燥屎也[13]，自可徐徐[14]下之。虽经[15]四、五

36. 日不能为害[16]也。若病[17]不宜下而强[18]攻之者，内虚热入，则为[19]恊（协）

37. 热、遂利、烦躁，诸变不可胜（胜）数也。则轻者困笃，重者必死。

38. 夫阳盛者府也，阴虚者藏也，此是两感脉[20]也。汗出即死，

39. 下之即愈。若阴盛阳虚者，汗出即愈，下之则死[21]。

40. 如是者，神丹安可误发、甘遂何可妄攻也！虚盛之治，相偝[22]千里。

41. 吉凶之机，应如影响。然则桂枝入[23]，阳盛必亡也；承气入胃，阴

42. 盛必[24]也。死生之要，在于[25]［须臾，瞬］[25]息之间，剋（克）于时限[26]，然[27]阴阳

43. 实[28]交错者，证[29]候至微也。发汗、吐、下相反者，祸福至速也[30]。医术浅

44. 迷[31]（狭）者，必[32]不识不知也。病人殒没者，谓为其分也。致令[33]怨（冤）魂塞于

45. 途[34]路，夭死[35]盈于礦（旷）野。仁爱鉴兹（兹）[36]，能不伤楚[37]？凡兩（两）感俱病者，

46. 治[38]则有其先后也。发表攻里者，归[39]本不同也。然好存生

意者[40]，

47. 乃云神丹、甘遂即可合而服之，且解其表，又除其里，巧言似是

48. 其理实违。夫智人之举措也，恒详[41]而慎之。愚夫[42]之动作也，常果

49. 而速之。安危之变，岂不诡哉？世士[43]唯知[44]翕呷[45]之荣，不见倾危之败，

50. 达[46]居然谁见本真也。近取诸身，何远之有？

【校释】

[1] 仲景曰：宋本无此三字。

[2] 伤寒：成无己《注解伤寒论·卷二·伤寒例》曰："凡中风与伤寒为病，自古通谓之伤寒。《千金》曰：夫伤寒病者，起自风寒，入于腠理，与精气分争，荣卫偏隔，周身不通而病。风寒初客于皮肤，便投汤药，温暖发散而当者，则无不消散之邪。先解表而后下之，则无复传之邪也。表证虽罢，里不至大坚满者，亦未可下之。是邪未收敛成实，下之则里虚而邪复不除，犹生寒热也。外无表证，里有坚满，为下证悉具。《外台》云：表和里病，下之则愈。下证既具，则不必拘于日数。下之不当，病轻者，证犹变易而难治，又矧（shěn）重者乎。"

[3] 始也：据宋本、成本之"始也"均为"得之"。应从原文。疑抄者把下文"始"字提前误抄，"得之"与"始也"义近，故把下句"始"字免去。当是。

[4] 表：据宋本、成本"表"之前均有"始"字。当是。

[5] 必里：宋本作"入里"。

[6] 化：宋本、成本均无"化"字。成无己《注解伤寒论·卷二·伤寒例》为："始自皮肤，入于经络，传于脏腑是也。"

[7] 者：宋本"者"前有"散"字。"消"与"消散"义接近，疑为抄者省略之笔。

[8] 若病：宋本无"若病"二字。

55

［9］证：宋本"证"后有"治"字。

［10］疑：宋本为"拟"。"疑"同"拟"。考，"疑"，《说文》宋代徐铉、徐锴注释，徐锴曰："止，不通也。"此句意思为，如果患者没有用攻下的方法。

［11］后乃：宋本为"乃可"二字。观其文字，前面有"先解其表"与"后乃下之"前后呼应。当是。

［12］腹靼者：宋本无此三字。"靼"应为"鞭"，即"硬"。

［13］必内有燥屎也：宋本为"坚有燥屎"。

［14］徐徐：宋本无，为"除"一字。疑字形相近而误抄。前句"坚有燥屎"，后"除下"之，合乎医理，当是。

［15］经：宋本无此字。

［16］害：宋本为"祸"字。

［17］病：宋本无此字。

［18］强：宋本作"便"。从用词上，"强"的感情色彩更浓，为下文的一些变证做铺垫。

［19］则为：宋本无此两字。

［20］两感脉：《素问·热论》曰："帝曰：其病两感于寒者，其脉应与其病形何如？岐伯曰：两感于寒者，病一日则巨阳与少阴俱病，则头痛口干而烦满；二日则阳明与太阴俱病，则腹满身热，不欲食，谵言；三日则少阳与厥阴俱病，则耳聋囊缩而厥，水浆不入，不知人，六日死。"两感：张介宾曰："两感者，表里同病也。"杨上善曰："足太阳、足少阴，表里共伤于寒，故曰两感。"两感脉以脉言证，相为表里两经的临床表现。如引文中的巨阳与少阴俱病的临床表现。从"夫阳盛者腑也，阴虚者脏也，此是两感脉也"宋本无此句，宋本为"夫阳盛阴虚"。当以原文为是。

［21］汗出即死……若阴盛阳虚者……下之则死：成无己解释为"表为阳，里为阴。阴虚者，阳必凑之，阳盛之邪，乘其里虚而入于腑者，为阳盛阴虚也。经曰：尺脉弱，名曰阴不足。阳气下陷入阴中，则

发热者是矣。下之，除其内热而愈，若反汗之，则竭其津液而死。阴脉不足，阳往从之；阳脉不足，阴往乘之。阴邪乘其表虚，客于荣卫之中者，为阳虚阴盛也。经曰：假令寸口脉微，名曰阳不足。阴气上入阳中，则洒淅恶寒者是矣。汗之，散其表寒则愈，若反下之，则脱其正气而死。经曰：本发汗而复下之，此为逆也。本先下之，而反汗之为逆"。当是。

［22］偕："偕"宋本为"背"。当是。

［23］入："入"后字残损，据宋本补"咽"一字。

［24］必："必"后一字难辨，据宋本改为"亡"字。

［25］于：原文蚀，据宋本补"须臾"二字，宋本为"在乎须臾"，无"瞬息"二字。考，原文义晓畅，但不见于《脉经》《备急千金要方》《外台秘要》《小品方》等，疑为《伤寒论》不同传本。

［26］克于时限：宋本无此四字，宋本为："视身之尽，不暇计日"八字。考，原文义晓畅，但不见于《脉经》《备急千金要方》《外台秘要》等，疑为《伤寒论》不同传本。

［27］然：宋本为"此"字。

［28］实："实"前一字破损，据宋本补为"虚"一字。

［29］证：宋本为"其"字。

［30］祸福至速也：宋本为"其祸至速"。考，原文义晓畅，但不见于《脉经》《备急千金要方》《外台秘要》《小品方》等，疑为《伤寒论》不同传本。

［31］逮：宋本作"狭"。

［32］必：宋本为"懵然"。原文义晓畅，疑为《伤寒论》不同传本。

［33］令："令"宋本作"今"。"令"与"今"字形相近，但原文"令"在全句文义更加晓畅，当是。

［34］逵：逵，通"馗"。《说文》："馗，九达道也。"意思为四通八达的路。宋本"逵"作"冥"。原文"逵路"与"旷野"相对，当是。

［35］夭死："夭死"宋本为"死尸"。原文亦通。

［36］兹：宋本为"此"，义同。

［37］能不伤楚："能不伤楚"宋本为"岂不痛欤"，义近，疑为《伤寒论》不同传本。

［38］治：末笔缺，疑避唐李治讳。

［39］归：宋本为"自"。

［40］然好存生意者：宋本为"而执迷用意者"，疑抄写者改动。

［41］恒详：宋本为"常审"，义近。原文感情更强烈。

［42］夫：宋本为"者"，两者褒贬不一。

［43］世士："世士"宋本为"世上之士"，疑抄写者简化。

［44］唯知：宋本为"但务彼"。根据补写之"荣"和"诸"字，疑抄写者把下行之"惟明者"上提，句子重新组合，下文亦是。

［45］沓："沓"宋本为"习"。"沓"与"习"字形相近而误。

［46］达："达"前一字蚀。宋本作"惟明者，居然能护其本"。

【按】葛洪《抱朴子·广譬》："是以愚夫之所欲，乃达者之所悲也。"前文有"愚夫"，相对应为"□达"，"达"之前蚀字为"乃"。宋本和此本表达不一致，意思相近，为不同传本。

第四章 《脉经》诊法选抄

第一节 平脉略例

【提要】

《平脉略例》在敦煌文献中凡六见，即 S.5614、P.2115、S.6245、P.4093、Дх02869A+Дх06150、Дх08644。《平脉略例》在 S.5614 与 P.2115 卷子中均是其第二种内容。《平脉略例》是 S.5614 与 P.2115 原卷本有的书题。这些内容大多见于王叔和《脉经》卷一与卷二，被抄写者整理归纳。因其篇存有名，故照旧。《平脉略例》主要论述了诊脉时的持脉轻重法、诊法常以平旦等理论，以及寸关尺三部定位及其脏腑配属、左右手寸关尺阴阳二十四气脉与十九种常见脉的主病。

一、S.5614

【原文】

S.5614 第 83 ～ 103 行，见图 4-1-1 第 7 ～ 27 行。

【录文】

83.《平脉略例》一卷

84. 几（凡）詠（诊）脉之法，初下指，令切骨。徐徐学者[1]，下□[2]三大豆之重也。三部

85. 和同，病虽困不死也。三部者，寸、关、尺也。寸主上焦，从头竟手。关主中焦，及[3]膂（腰）。尺主下焦，从小肠至足。

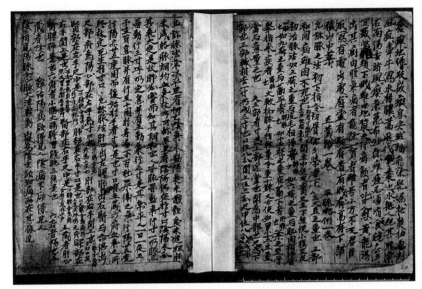

图 4-1-1 《平脉略例》S.5614（1）

86. 初治脉法，如三菽之重，与皮毛相得者，肺脉也。如六菽之重，与肌肉相得者

87. 心脉也[4]。如九菽之重，与筋平者，脾脉也[5]。如十二菽之重，在筋下者，肝脉也[6]。案（按）之至骨，

88. 举指来（来）疾者，肾脉也。大较[7]捻脉[8]，手指轻重令重十铢。又云：使如累十二豆重，

89. 当与意量之也。夫三部者，寸为上部，近掌也。開（关）为中部也，尺为下

90. 部也。三部辄相去一寸，共成三寸也[9]。口[10]位八分，关上位三分，尺中位八分，为共成一寸九分也。

91. 凡诊脉法，常以平旦者。何也？阴气未动，阳气未散，饮食未进，经脉

92. 未盛，络脉调匀，血气[11]，故乃可诊[12]。平旦者，阴阳俱在于寸口[13]，阴阳未分，

93. 其气大定，是故肺[14]必审而知其调和也。人[15]呼脉再动，气

行寸[16]，一吸脉亦

94. 再动，行[17]三寸，呼吸定息并有五动，气行三寸[18]是其常。平人一日一夜三

95. 千[19]五百息[20]。脉并有行五十周于身，漏下百刻[21]。荣卫之气，行阳廿五度，

96. 行阴亦廿五度，周而复始，于[22]手[23]者，寸口是也。寸口者，五脏六府血气之所

97. 终[24]，故定死生于寸口。凡诊脉法，肝心出左，脾肺出右，与与命[25]俱出

98. 尺部。府为阳[26]。心部在左手，为寸口也。以（与）小肠合为府，为上焦也。肝部在左手关上也。以胆合为府，合于中焦。

99. 肾部在左手尺中是也。以膀胱合为府，合于下焦，在飽（胞）门。肺部在右手寸口是也。以大肠合为府，于[27]上焦，在呼吸之府。脾脾（脾）部在

100. 右手关上是也。以合胃[28]为府合于中焦，皮（脾）胃之间，名曰章门。肾部在右手尺中是也。以膀胱合为府，合于下焦，在子户。五藏者，肝、心

101. 肾、脾、肺是也。六府者，小肠、大肠、胆、胃、膀胱、三焦是也。六腑者阳也。五

102. 藏者，阴也。难治[29]。阳病欲得见人，阴病不欲得见人。

103. 阴病[30]见阳脉念（愈）。脉大、浮、数、动[31]、微[32]，为阴也。欲知病所在，其脉沉[33]

【校释】

[1] 徐徐学者："学者"当为"举指"之误。据《玄感脉经》"切脉之法，初下指，令切骨；徐徐举指，令指下有三大豆之重也。"《备急千金要方·卷二十八脉法·平脉大法第一》："先诊寸口，初重指切骨，定毕便渐举指，与皮毛相得，于轻重之间，随人强弱肥瘦，以意消息进退举按之宜。"

〔2〕下□：P.2115 作"下有"。据《玄感脉经》与《备急千金要方·卷二十八脉法·平脉大法第一》，当作"指下"。

〔3〕及：据 P.2115，其前脱一"腹"字。

〔4〕如六菽之重，与肌肉相得者，心脉也：《脉经·卷一·持脉轻重法第六》作"如六菽之重，与血脉相得者，心部也"。《千金翼方·卷第二十五色脉·诊脉大意第二》作"如六菽之重，与血脉相得者，心脉也"。

【按】《素问·刺齐论》曰："黄帝问曰：愿闻刺浅深之分。岐伯对曰：刺骨者无伤筋，刺筋者无伤肉，刺肉者无伤脉，刺脉者无伤皮，刺皮者无伤肉，刺肉者无伤筋，刺筋者无伤骨。帝曰：余未知其所谓，愿闻其解。岐伯曰：刺骨无伤筋者，针至筋而去，不及骨也。刺筋无伤肉者，至肉而去，不及筋也。刺肉无伤脉者，至脉而去，不及肉也。刺脉无伤皮者，至皮而去，不及脉也。"可见人体的结构由表至里依次为：皮→脉→肉→筋→骨。《灵枢经·五色》曰："肝合筋，心合脉，肺合皮，脾合肉，肾合骨也。"根据五行五体理论，"皮→脉→肉→筋→骨"分别与"肺→心→脾→肝→肾"相对应。故应以《千金翼方》为据，下同。

〔5〕如九菽之重，与筋平者，脾脉也：《脉经·卷一·持脉轻重法第六》作"九菽之重，与肌肉相得者，脾部也"。《千金翼方·第卷二十五色脉·诊脉大意第二》作"如九菽之重，与肌肉相得者，脾脉也"，当是。

〔6〕如十二菽之重，在筋下者，肝脉也：《脉经·卷一·持脉轻重法第六》作"如十二菽之重，与筋平者，肝部也"。《千金翼方·第卷二十五色脉·诊脉大意第二》作"如十二菽之重，与筋平者，肝脉也"，当是。

〔7〕大较：大法，大体。《史记·律书》："岂与世儒间于大较，不权轻重，猥云德化，不当用兵，大至君辱失守，小乃侵犯削弱，遂执不移等哉！"司马贞《索隐》："大较，大法也。"

　［8］捻脉："捻"古同"捏"。捻脉即按脉。

　［9］三部辄相去一寸，共成三寸也

　【按】关于寸、关、尺三部之尺寸，《难经·二难》曰："尺寸者，脉之大要会也。从关至尺是尺内，阴之所治也；从关至鱼际是寸内，阳之所治也。故分寸为尺，分尺为寸。故阴得尺内一寸，阳得寸内九分。尺寸终始，一寸九分，故曰尺寸也。"《难经》以降，中医主流观点皆持此说。如此句后所言："寸口位八分，关上为三分，尺中位八分，共成一寸九分也。"的确，隋唐之际有关于寸、关、尺三部尺寸的一种学说，即此句所谓寸、关、尺各占一寸，共成三寸。隋唐之际的杨上善所著的《黄帝内经太素·卷第三阴阳·阴阳大论》曰："华佗云：尺、寸、关三部各有一寸，三部之地合有三寸。未知此言何所依据。"杨上善认为其没有理论根据。再者，唐代杨玄操《八十一难经注》中引《王叔和脉诀》曰："三部之位，辄相去一寸，合为三寸。"显然《平脉略例》的编著者未对这两种理论详加区分，故将其混抄在一起。

　［10］口：据 P.2115，其前脱一"寸"字。

　［11］血气：据 P.3477《玄感脉经》，其后脱"未乱"二字。

　［12］故乃可诊

　【按】《素问·脉要精微论》本句作："诊法常以平旦，阴气未动，阳气未散，饮食未进，经脉未盛，络脉调匀，气血未乱，故乃可诊有过之脉。"认为平旦诊脉乃是诊病脉，而《平脉略例》下文说："是故，脉必审而知其调和也。"认为平旦诊脉乃是诊调和脉，即平脉。究竟孰是孰非？考虑到临床实际，由于种种因素的制约，古往今来几乎很难做到平旦诊脉，故诊脉常以平旦是一种理想状态。故学者孟琳升2006年在《中国中医药报》发表文章指出，《黄帝内经》"诊法常以平旦"之说其实是对学习诊脉、认识常脉的最佳时间规定。

　［13］平旦者，阴阳俱在于寸口：平旦为十二时辰寅时时辰之别称，据十二时辰全身阴阳经脉气血流注规律，寅时全身阴阳经脉气血恰流注

于手太阴肺经，而寸口为手太阴肺经所经过，故曰："平旦者，阴阳俱在寸口。"

〔14〕肺：据 P.2115，作"脉"，当是。

〔15〕人：据 P.2115，其后脱"一"字。

〔16〕寸：据 P.2115，其前脱"三"字。

〔17〕行：据 P.2115，其前脱"气"字。

〔18〕三寸：据 P.2115 作"六寸"，当是。

〔19〕三千：据 P.2115，其前脱"一万"二字。

〔20〕平人一日一夜三千五百息

【按】从现代生理学的角度，正常成人在平静状态下呼吸的频率为每分钟 16～20 次，平均 18 次左右，一昼夜呼吸总次数为 25920 左右，《平脉略例》"平人一日一夜三千五百息"之说似乎颇为荒谬。但如果我们还原中医学此论的思维和逻辑，一切便都顺理成章了。众所周知，"天人合一"观既是先秦以来中国传统思维的思维观念，也是中医学理论建构的重要基础。"天人合一"的哲学思维在中医学中的表现为"天人相应"的医学思维。《黄帝内经》认为，天有二十八宿，人之经脉上下、左右、前后亦有二十八条（十二正经左右各一，计 24 条。跷脉左右各一，任督脉各一，共计 28 条），以应二十八宿。《灵枢经·五十营》即言："天周二十八宿，宿二十六分……人经脉上下、左右、前后二十八脉，周身十六丈二尺，以应二十八宿。"人之二十八脉长度共为十六丈二尺，《灵枢经·脉度》："手之六阳，从手至头，长五尺，五六三丈。手之六阴，从手至胸中，三尺五寸，三六一丈八尺，五六三尺，合二丈一尺。足之六阳，从足上至头，八尺，六八四丈八尺。足之六阴，从足至胸中，六尺五寸，六六三丈六尺，五六三尺合三丈九尺。跷脉从足至目，七尺五寸，二七一丈四尺，二五一尺，合一丈五尺。督脉、任脉各四尺五寸，二四八尺，二五一尺，合九尺。凡都合一十六丈二尺，此气之大经隧也。"而"一呼脉再动，气行三寸……呼吸定息，气行六寸"（《灵枢经·五十营》），环行二十八脉一周共需 270 息（16 丈 2 尺÷6

寸＝270息），一昼夜气在人体运行50周，故平人一日一夜13500息
（270×50＝13500）。故《灵枢经·五十营》曰："一万三千五百息，气
行五十营于身，水下百刻，日行二十八宿，漏水皆尽，脉终矣。"可见
中医学对"平人一日一夜一万三千五百息"的认识是在"天人相应"思
维基础上数学逻辑推演的结果，并非源于实测。

　［21］漏下百刻：古代用刻漏计时，一昼夜分百刻。

　［22］于：据 P.2115，其前脱"会"字。

　［23］手：据 P.2115，其后脱"太阴"二字。

　［24］终：据《脉经·卷一·辨尺寸阴阳荣卫度数第四》和《难
经·一难》："寸口者，五脏六腑之所终始，故法取于寸口也。"其后脱
"始"字。

　［25］命：据 P.2115，其后脱"门"字。

　［26］府为阳：前后文义不通，疑为衍文。

　［27］于：据 P.2115，其上脱"合"字。

　［28］合胃：当乙作"胃合"。

　［29］难治：据 P.2115，其前脱"阳病易治，阴病"六字。

　［30］阴病：据 P.2115，其前脱"阳病见阴脉者死"七字。

　［31］动：据 P.2115，其后脱"滑为阳，脉沉涩"六字。

　［32］微：据 P.2115，其下脱"弦"一字。

　［33］脉沉：原卷无，据 P.2115，其后脱"为里，浮为在表，迟则
在"九字。

【原文】

S.5614第104～129行，见图4-1-2第4～29行。

图 4-1-2 《平脉略例》S.5614（2）

【录文】

104. 藏，数则在府。关前为阳，关后为阴。则下[34]。阳弦则头痛，阴弦则肠疼。

105. 寸口脉浮阳绝者，无大肠脉也。苦少气，心下有水，秋节病咳嗽（嗽）[35]。右手[36]

106. 寸口脉阳实者，大肠实也。苦旸（肠）内切痛，而针刺（刺）无休息。

107. 寸口脉阴沉[37]绝者，肺实也[38]。无脉[39]也。苦豆（短）气欨（咳）逆，喉中寒[40]，噫逆。

108. 寸口脉阴实者，肺实也。苦少气，胷（胸）满彭彭[41]，与肩相引痛。

109. 关中脉浮阳绝者，无胃脉也。苦吞酢[42]头痛，胃中有寒。

110. 開（关）中脉阳实者，胃实也。苦肠中伏伏[43]，不思食或食不消。

111. 关中脉沉阴绝者，是[44]脾脉也。苦短气下利，小肠满，四支（肢）不举，呕吐。

112. 关中脉实[45]者，脾实也。苦肠中坚，大便难。

113. 尺中脉浮阳绝者，无子户脉也。若（苦）足寒逆足[46]，绝产，带下，无子，阴中寒苦。

114.尺中脉阳实者，膀胱实也。苦小肠^[47]引霄（腰）痛。

115.尺中脉沉阴绝者，无肾脉也。足逆冷，上抢胸满痛也，梦入水见（见）鬼神，善厌（魇）鬼寐（魅）黑色神来掩上人^[48]。

116.尺中脉阴实者，肾实也。背痛^[49]，骨肉寒热色色^[50]然。

117.尺^[51]中脉冷^[52]沉阴绝者，无肾脉也。足下热，脾（髀）里急，精气竭少，力倦所致脾^[53]。

118.尺中脉阴实者，肾实也。苦恍惚善妄（忘），目视冒冒（茫茫），耳龍（聋）日日鸣。

119.尺中脉沉阳绝者，膀胱实^[54]也。苦逆冷^[55]，妇人月下^[56]，小便遗，男子精^[57]，尿后余歷（沥）。

120.尺中脉阳实者，膀胱实也。苦逆冷，胁下有耶（邪）气，相引争痛^[58]。

121.关中脉沉阴绝者，无肝脉也。苦疼遗^[59]难言，胁下有邪气，善吐。

122.关中脉阴实者，肝实也。苦内动^[60]，恐^[61]，善转筋，痹^[62]。

123.关中脉沉^[63]阳绝者，无胆脉也。苦肩头痛，善裹（畏），如见鬼神，惊，少力。

124.关中脉阳实者，胆脉^[64]实，心中愦愦^[65]不安，身躰（体）习习^[66]。

125.寸口脉阴阳实者，胆脉实^[67]，心中堂堂，时时呕吐，口爛（烂）^[68]。

126.寸口脉阴沉绝者，无心脉也。苦心下毒，起忧患^[69]。

127.寸口脉浮阳绝者，无小肠脉也。苦侠（挟）齐（脐）痛，肠中疝瘕，王月^[70]即上抢心。

128.寸口脉阴实者，小腹实^[71]也，苦心下急痛，心腹有热，小便难，赤黄。

129.凡寸口脉浮，中风發（发）热，头痛。关脉浮，腹满不欲食，是虚满。

【校释】

[34] 则下：据 P.2115，其前脱"阳数则吐，阴数"六字。

[35] 歆（咳）嗽（嗽）："歆"当"咳"之异体字"欬"之误，"嗽"当为"嗽"之误。形近而误。下同。《脉经·卷二·平三关阴阳二十四气脉第一》《备急千金要方·卷十八大肠腑方·大肠腑脉论第一》均作"立秋节即咳"，义同。

[36] 右手：原卷在 104 与 105 行之间偏于 105 行中，当是补于行首之义。

[37] 阴沉：据前后文例，当逆转为"沉阴"。

[38] 肺实也：衍文，涉下而衍。

[39] 无脉：据《脉经·卷二·平三关阴阳二十四气脉第一》《备急千金要方·卷十七肺脏方·肺脏脉论第一》，"脉"前脱一"肺"字。

[40] 喉中寒：《脉经·卷二·平三关阴阳二十四气脉第一》《备急千金要方·卷十七肺脏方·肺脏脉论第一》均作"喉中塞"，当是。"寒""塞"形近而误。

[41] 彭彭：胸中胀满貌。

[42] 酢：《玉篇》："酸也。"

[43] 肠中伏伏：《脉经·卷二·平三关阴阳二十四气脉第一》下曰："右手关上阴实者，脾实也。苦肠中伏伏如坚状。"可见"肠中伏伏"当是肠中胀满貌，故下文曰："不思食，或食不消。"

[44] 是：据《脉经·卷二·平三关阴阳二十四气脉第一》《备急千金要方·卷十五脾脏方（凡十类）·脾脏脉论第一》，当作"无"字。

[45] 实：据《脉经·卷二·平三关阴阳二十四气脉第一》《备急千金要方·卷十五脾脏方（凡十类）·脾脏脉论第一》，"实"前当有"阴"字。

[46] 足寒逆足：《脉经·卷二·平三关阴阳二十四气脉第一》《备急千金要方·卷二十膀胱腑方（凡七类）·膀胱腑脉论第一》均作"足

逆寒"，当是。本卷"寒""逆"二字互倒，后"足"字衍。

［47］小肠：《脉经·卷二·平三关阴阳二十四气脉第一》《备急千金要方·卷二十膀胱腑方（凡七类）·膀胱腑脉论第一》均作"少腹满"，当是。"小肠""少腹"形近而误。

［48］黑色神来奄上人：此六字在原卷是小字，当是对前文"善魇鬼魅"的注释。《脉经·卷二·平三关阴阳二十四气脉第一》作"黑色物来掩上人"。

［49］背痛：P.2115 作"腰背痛"，当是。

［50］色色：寒栗貌。

［51］尺：据 P.2115、《脉经·卷二·平三关阴阳二十四气脉第一》《备急千金要方·卷二十膀胱腑方（凡七类）·膀胱腑脉论第一》，"尺"上当补"左手"二字。

［52］冷：据前后文例，当是衍文。

［53］力倦所致脾：据《脉经·卷二·平三关阴阳二十四气脉第一》《备急千金要方·卷十九肾脏方（凡八类）·肾脏脉论第一》，"力倦"当作"劳倦"，"脾"字衍。

［54］膀胱实：据前后文及《脉经·卷二·平三关阴阳二十四气脉第一》《备急千金要方·卷二十膀胱腑方（凡七类）·膀胱腑脉论第一》，当作"无膀胱脉"。此"膀胱实"系涉下而误。

［55］苦逆冷：据右手尺中脉文，此逆冷当指足逆冷。

［56］妇人月下：P.2115 为"妇人月下不使"，据 P.2115 补"不使"二字。义通，当是。疑抄写者漏抄。《脉经·卷二·平三关阴阳二十四气脉第一》《备急千金要方·卷二十膀胱腑方（凡七类）·膀胱腑脉论第一》，均作"妇人月使不调"。

［57］精：据 P.2115、《脉经·卷二·平三关阴阳二十四气脉第一》《备急千金要方·卷二十膀胱腑方（凡七类）·膀胱腑脉论第一》，"精"上脱一"少"字。

［58］相引争痛："争"当为"急"之误，形近所致。《针灸甲乙

经·卷十·阴受病发痹第一》《备急千金要方·卷三十针灸下方（凡八类）·心腹第二》均作"腰胁相引急痛"之表述。

［59］苦疼遗："遗痛"当作"癃遗"，即癃闭和遗尿。P.2115《平脉略例》正作"苦癃遗尿"。《脉经·卷二·平三关阴阳二十四气脉第一》《备急千金要方·卷十一肝脏·肝脏脉论第一》均作"苦癃遗溺"。

［60］内动：据 P.2115"内动"前补一"腹"字，当是。《脉经·卷二·平三关阴阳二十四气脉第一》《备急千金要方·卷十一肝脏·肝脏脉论第一》均作"肉中痛动"。

［61］恐：《灵枢经·本神》曰："肝气虚则恐，实则怒。"此处肝实，不应出现"恐"。且《脉经·卷二·平三关阴阳二十四气脉第一》《备急千金要方·卷十一肝脏·肝脏脉论第一》均作"恐"，疑衍。

［62］痹：《脉经·卷二·平三关阴阳二十四气脉第一》《备急千金要方·卷十一肝脏·肝脏脉论第一》均作"痹"字。但敦煌 S.6245、S.9431、S.9443、S.8289 残片缀合本相关文字下有"足痹也"，疑为不同传本。

［63］沉：据 P.2115 及前后文例，当作"浮"。

［64］脉：据前后文例，《脉经·卷二·平三关阴阳二十四气脉第一》《备急千金要方·卷十二胆腑方（凡七类）·胆腑脉论第一》，"脉"字当衍。

［65］愤愤：烦闷不舒貌。

［66］习习：当为痒貌。《备急千金要方·卷十三心脏方（凡八类）·胸痹第七》下曰："胸痹之病，令人……短气咳唾引痛，咽塞不利，习习如痒。"《本草纲目·草部·恶实》下引唐代孟诜《食疗本草》曰："茎叶煮汁作浴汤，去皮间习习如虫行。"

［67］寸口脉阴阳实者，胆脉实：据上下文及《脉经·卷二·平三关阴阳二十四气脉第一》《备急千金要方·卷十三心脏方（凡八类）·心脏脉论第一》"阳"字系衍文，而"胆脉实"当作"心实"，涉上而误。

［68］心中堂堂，时时呕吐，口烂：《脉经·卷二·平三关阴阳

二十四气脉第一》《备急千金要方·卷十三心脏方（凡八类）·心脏脉论第一》寸口脉阴实之心实病证为"心下有水气，忧恚发之"，而寸口脉阴绝之无心脉病证则为"心下多听，掌中热，时时善呕，口中伤烂"（《脉经》文，《备急千金要方》"毒痛"作"热痛"，余同）。又敦煌 S.6245、S.9431、S.9443、S.8289 残片缀合本相关文字作"□□□阴沉绝者，无心脉，苦多心下□□……疮或口烂。□□……忧恚不安，恼闷"。据其文字顺序与《脉经》及《备急千金要方》相关记载，其"疮或口烂"当是无心脉病证，而"忧恚不安，恼闷"可能系心实病证。故疑此句系将寸口脉阴绝之文字误抄于此，而"心中堂堂"则是"心……掌中热"之讹文，（"掌"与"堂"形近，若原文去"热"字，"掌中"就有可能讹作"中堂"）。

［69］起忧患：《脉经·卷二·平三关阴阳二十四气脉第一》《备急千金要方·卷十三心脏方（凡八类）·心脏脉论第一》寸口脉阴实之心脉病证见上条注，其中并无"忧患"相关文字，而二书出口脉阴实之心实病证下则有"忧恚发之"四字。疑此处又系将"忧恚"误作"忧患"而抄于此。综合看来，S.5614 此二句可能存在前后行文字相互误抄。

［70］王月：心所主时之月。《脉经·卷三·心小肠部第二》曰："心象火……其相，春三月；王，夏三月。废，季夏六月；囚，秋三月；死，冬三月。"

［71］寸口脉阴实者，小腹实：据 P.2115、上下文及《脉经·卷二·平三关阴阳二十四气脉第一》《备急千金要方·卷十四小肠腑方（凡七类）·小肠腑脉论第一》，"阴实"当作"阳实"，"小腹满"当作"少腹满"。

【原文】

S.5614 第 130～155 行，见图 4-1-3 第 1～26 行。

图 4-1-3 《平脉略例》S.5614（3）

【录文】

130.尺脉浮，小便难。右浮脉，安（按）之不足，举之有余。又如按荙菜（葱叶）状[72]，一曰：浮于

131.无[73]，名曰浮。寸口脉芤，吐血；微芤，衄血。关脉芤，胃中虚；微芤，吐血[74]。尺脉芤，下血；

132.微芤，小便血[75]，右芤脉，按之无，举之如案（按）荙（葱）叶，两旁有，中央空，名曰芤。

133.寸口脉沉，胸中痛引胁，胸中有水气。关脉沉，心下满痛，苦忝（吞）酢（醋。尺脉沉，

134.腰背痛。右沉浮脉[76]，按之有，举之无[77]，往来于筋中。云：重按乃得，名曰沉。

135.寸口脉伏，胸中有气逆，胃气上冲胸中。关脉伏，胃中有水气，泄溏。尺脉

136.伏，水谷不化。右伏脉，按之乃得，举之不足[78]。一云：极重按之至骨乃得，名曰伏。

137.寸口脉弦，胸中急[79]，心下愊愊满痛。关脉弦，胃中有冷，上下恶[80]，胃气虚。

138.尺脉弦，小腹急痛。右弦脉，按之而[81]琴，瑟，三关通度，

便便（梗梗）正直而轻浮[82]，名曰弦。

139.寸口脉紧，苦头痛，是伤寒。关脉紧，心苦满痛[83]。痛者是为实。尺脉紧，

140.奄（脐）下痛。右紧脉，按之而切繩（绳）状，轻手得之，重手不得[84]，名曰紧。

141.寸口脉滑，气实，胸中逆满。关脉滑，胃中有寒[85]。滑为实，故气满不欲食。

142.尺脉滑，血气实，经后不通[86]。右滑[87]，往来前却[88]流利，按之无[89]，举之如动珠子[90]。危不安[91]，指下似浮而有负滑[92]。

143.寸口脉数，即吐，为似有热在胃管（脘）[93]口动胸中。关脉数，胃中有客热。

144.尺脉数，恶（恶）寒，小便赤。右数脉，按之来疾，一息六七至[94]，名曰数。

145.寸口脉濡，阳气弱，白汗[95]出。关脉濡，苦重下疾[96]。尺脉濡，恶寒，呕，发热[97]，小便

146.难。右濡脉，按之无，举之有余[98]，或如帛衣带中手，以肌空相得而软[99]，名曰濡。

147.寸口脉弱，阳气虚，白汗出。关脉弱，气胃有客热[100]。尺脉弱，无血少气，恶寒[101]。

148.右弱脉，按之轻手乃得，重手不得，而案（按）水末[102]，名曰弱。

149.寸口脉微，苦胸中恶寒。关脉微（微），胃中有冷，下[103]拘急痛。尺脉微，厥冷，心腹

150.拘急痛。右微脉，按之浮薄而细，在皮毛中而鸟毛在水上不动[104]，轻手乃得，名曰微。

151.寸口脉涩，无阳，胃气少[105]。关脉涩，无血逆冷[106]，为涩大虚[107]。尺脉涩，上逆冷[108]，小便赤黄[109]。

152.右涩脉，按之而鸿毛，举之[110]细而迟，往来难且散，或一

止。浮而矩（短），名曰涩。

153.寸口脉迟，上焦有寒[111]。关脉迟，中焦有寒。尺脉迟，下焦有寒。右迟脉，按之尽

154.罕（牢），举之无有，呼吸三至，去来极迟，名曰迟。

155.寸口脉缓，皮肤不仁，风气入肌肉。关脉缓，胃中有气，不欲食，脾气不足[112]。

【校释】

[72]如按荙菜（葱叶）状：《脉经·卷一·脉形状指下秘决第一》及《备急千金要方·卷二十八脉法（凡十六类）·指下形状第三》对浮脉的描述均无此语，疑系将下文芤脉"如按葱叶"之语误抄于此，盖涉下之误。

[73]浮于无：语义不通。P.2115《平脉略例》作"浮于不"亦不通。考，本句，《脉经·卷一·脉形状指下秘决第一》"浮脉，举之有余，按之不足"下又有"浮于手下"之小字注。《备急千金要方·卷二十八脉法（凡十六类）·指下形状第三》"浮脉，举之有余，按之不足"下又有"浮于手下"之小字注。故 P.2115《平脉略例》之"不"字可能系"手"或"指"字坏去后对"下"字之误抄。而敦煌文书传抄过程中，有抄写者亦发现"浮于不"于义不通，而下句芤脉又有"按之无"之语，故又将"不"改为相近之"无"。

[74]关脉芤，胃中虚；微芤，吐血：《脉经·卷二·平三关病候并治宜第三》及《备急千金要方·卷二十八脉法（凡十六类）·三关主对法第六》均作"关脉芤，大便去血"。《脉经·卷十·手检图三十一部》中有"关上芤，胃中虚"的记载，但无"微芤，吐血"之语。

[75]尺脉芤，下血；微芤，小便血：《脉经·卷二·平三关病候并治宜第三》及《备急千金要方·卷二十八脉法（凡十六类）·三关主对法第六》均作"尺脉芤，下焦虚，小便去血"。《脉经·卷十·手检图三十一部》"尺中芤，下血；微芤，小便血"的记载。

[76]右沉浮脉：根据上下文规则"浮"系笔误，应去掉；且为沉

脉下定义，"浮"字更应去掉。

　　［77］按之有，举之无：《脉经·卷一·脉形状指下秘决第一》及《备急千金要方·卷二十八脉法（凡十六类）·指下形状第三》均作"举之有余，按之不足"，当是。疑此句"有"字下脱一"余"字，而"举之无"则是将后行伏脉文字误抄。

　　［78］举之不足：《脉经·卷一·脉形状指下秘决第一》及《备急千金要方·卷二十八脉法（凡十六类）·指下形状第三》伏脉下均有小字注曰："按之不足，举之无有"，当是。疑"举之不足"四字系将前行沉脉文字误抄。

　　［79］胸中急：《脉经·卷二·平三关病候并治宜第三》及《备急千金要方·卷二十八脉法（凡十六类）·三关主对法第六》无此三字，《脉经·卷十·手检图三十一部》中有"寸口弦，胃中拘急"的记载。

　　［80］上下恶：《脉经·卷二·平三关病候并治宜第三》及《备急千金要方·卷二十八脉法（凡十六类）·三关主对法第六》均作"心下厥逆"，当是。疑此句"上"为"心"之误，"恶"为"厥逆"之误。

　　［81］而：义同"如"。

　　［82］按之而琴，瑟，三关通度，便便（梗梗）正直而轻浮：弦脉脉象，《脉经·卷一·脉形状指下秘决第一》及《备急千金要方·卷二十八脉法（凡十六类）·指下形状第三》均作"举之无有，按之如弓弦状"（《脉经》文，《备急千金要方》"弓"字前有"张"字，余同）。又《千金翼方·卷第二十五色脉诊脉大意第二》有"按之如琴瑟弦，三关通病，梗梗无有屈挠，名曰弦"（"病"当为"度"之误）的记载，P.3477《玄感脉经》亦载："按之如琴弦，三关通度，梗梗正直，无有屈挠，名曰弦。"故对弦脉脉象的这种描述可能源于晋唐《脉经》别的传本或《脉经》之外的其他古医籍。

　　［83］心苦满痛：《脉经·卷二·平三关病候并治宜第三》作"心下苦满急痛"，《千备急千金要方·卷二十八脉法（凡十六类）·三关主对法第六》作"心下苦满痛"，疑"心"后脱一"下"字。

［84］轻手得之，重手不得：《脉经·卷一·脉形状指下秘决第一》《备急千金要方·卷二十八脉法（凡十六类）·指下形状第三》及《千金翼方·卷第二十五色脉》"诊脉大意第二"紧脉中均无此语。相似文字见于《千金翼方·卷二十五·色脉诊脉大意第二》微脉中，其曰："轻手乃得，重手不得，名曰微。"疑似将彼文误抄于此。

［85］胃中有寒：据医理，滑脉多主热。《脉经·卷二·平三关病候并治宜第三》及《备急千金要方·卷二十八脉法（凡十六类）·三关主对法第六》均作"胃中有热"，当是。

［86］经后不通："经后"即经候，指月经。《脉经·卷二·平三关病候并治宜第三》作"妇人经脉不利"。

［87］滑：据前后文例，"滑"后脱"脉"字。

［88］前却：进退。《吴子·治兵》："所谓治者，居则有礼，动则有威，进不可挡，退不可追，前却有节，左右应麾。"

［89］按之无：《脉经·卷一·脉形状指下秘决第一》及《备急千金要方·卷二十八脉法（凡十六类）·指下形状第三》均无此三字，当是。

［90］举之如动珠子：《脉经·卷一·脉形状指下秘决第一》及《备急千金要方·卷二十八脉法（凡十六类）·指下形状第三》均无此语，但《千金翼方·卷第二十五色脉诊脉大意第二》滑脉中曰："按之如动珠子，名曰滑。"疑系《平脉略例》抄写者将其文抄于此。

［91］危不安：原卷作小字，考《脉经·卷一·脉形状指下秘决第一》及《千金要方·卷二十八脉法（凡十六类）·指下形状第三》及《千金翼方·卷二十五色脉诊脉大意第二》滑脉中均无此语。但《脉经·卷一·脉形状指下秘决第一》及《备急千金要方·卷二十八脉法（凡十六类）·指下形状第三》滑脉下均有："一曰漉漉如欲脱"之小字，疑"危不安"系抄写者对"漉漉如欲脱"描述的误解。

［92］指下似浮而有负滑：语义不通。考《脉经·卷一·脉形状指下秘决第一》及《备急千金要方·卷二十八脉法（凡十六类）·指下形状第三》滑脉下均有小字曰："一曰浮中如有力。"疑原文当作"指下似

浮有力曰滑", 而 S.5614《平脉略例》抄写者误将"力曰"看成了"负", 故有此误。

[93] 即吐, 为似有热在胃管 (脘): 《备急千金要方·卷二十八脉法 (凡十六类)·三关主对法第六》均作"为吐, 以有热在胃脘", 当是。

[94] 一息六七至: 《脉经·卷一·脉形状指下秘决第一》及《备急千金要方·卷二十八脉法 (凡十六类)·指下形状第三》作小字。

[95] 白汗: 即自汗。《战国策·楚策第四》: "夫骥之齿至矣, 服盐车而上太行。蹄申膝折, 尾湛胕溃, 漉汁洒地, 白汗交流, 中阪迁延, 负辕不能上。"鲍彪注: "白汗, 不缘暑而汗也。"《脉经·卷二·平三关病候并治宜第三》: "寸口脉濡, 阳气弱, 自汗出, 是虚损病。"《备急千金要方·卷二十八脉法 (凡十六类)·三关主对法第六》"寸口脉软弱, 自汗出, 是虚损病", 当是。

[96] 苦重下疾: 《脉经·卷二·平三关病候并治宜第三》及《备急千金要方·卷二十八脉法 (凡十六类)·三关主对法第六》均作"苦虚冷, 脾气弱, 重下病", 《平脉略例》抄写作者略去了对"重下"之病机的解释"虚冷, 脾气弱"五字。重下疾, 即痢疾。

[97] 恶寒, 呕, 发热: 《脉经·卷二·平三关病候并治宜第三》及《备急千金要方·卷二十八脉法 (凡十六类)·三关主对法第六》尺部濡脉下均无此五字。但《脉经·卷十·手检图三十一部》中有"尺中濡, 少血, 发热, 恶寒"的记载。

[98] 濡脉, 按之无, 举之有余: 濡脉, 《脉经·卷一·脉形状指下秘决第一》及《备急千金要方·卷二十八脉法 (凡十六类)·指下形状第三》均作"软脉", "按之无有, 举之有余"为小字。

[99] 或如帛衣带中手, 以肌空相得而软: 《脉经·卷一·脉形状指下秘决第一》软脉下有小字"软, 亦作濡, 曰濡者, 如帛衣在手中, 轻手相得", 《备急千金要方·卷二十八脉法 (凡十六类)·指下形状第三》软脉下则无此语。《千金翼方·卷第二十五色脉诊脉大意第二》作"或如帛衣在水中, 轻手与肌肉相得而软, 名曰濡", 当是。

［100］气胃有客热：《脉经·卷二·平三关病候并治宜第三》及《备急千金要方·卷二十八脉法（凡十六类）·三关主对法第六》均作"胃中虚，胃中有客热"，故"气"前当脱一"胃"字，后当脱一"虚"字。

［101］无血少气，恶寒：《脉经·卷二·平三关病候并治宜第三》作"阳气少，发热骨烦"，《备急千金要方·卷二十八脉法（凡十六类）·三关主对法第六》作"少气，发热骨烦"，与本句句义差异较大。《脉经·卷十·手检图三十一部》中又有"尺弱，少血"的记载。本句显然是对《脉经·卷二》与《脉经·卷十》所载相关内容的整合。

［102］按之轻手乃得，重手不得，而案（按）水末：《脉经·卷一·脉形状指下秘决第一》及《备急千金要方·卷二十八脉法（凡十六类）·指下形状第三》均作"弱脉，极软而沉细，按之欲绝指下"。其下有小字"一曰按之乃得，举之无有"（《脉经》文，《备急千金要方》"无有"作"即无"，余同），当是。《平脉略例》此 14 字应是误抄。

［103］下：据《脉经·卷二·平三关病候并治宜第三》及《备急千金要方·卷二十八脉法（凡十六类）·三关主对法第六》，"下"上均脱一"心"字。

［104］在皮毛中而鸟毛在水上不动：《脉经·卷一·脉形状指下秘决第一》及《备急千金要方·卷二十八脉法（凡十六类）·指下形状第三》均无此语，应是别有来源。

［105］无阳，胃气少：《脉经·卷二·平三关病候并治宜第三》及《备急千金要方·卷二十八脉法（凡十六类）·三关主对法第六》均作"是胃气不足"。又有《脉经·卷十·手检图三十一部》中有"寸口涩，无阳，少气"的记载。本句显然是对《脉经·卷二》与《脉经·卷十》所载相关内容的整合。

［106］无血逆冷：《脉经·卷二·平三关病候并治宜第三》《备急千金要方·卷二十八脉法（凡十六类）·三关主对法第六》均作"血气逆冷"。《脉经·卷十·手检图三十一部》中有"关上涩，无血，厥

冷"的记载。本句显然是对《脉经·卷二》与《脉经·卷十》所载相
关内容的整合。

［107］为涩大虚：《脉经·卷二·平三关病候并治宜第三》《备急千
金要方·卷二十八脉法（凡十六类）·三关主对法第六》均作"脉涩，
为血虚"，当是。

［108］上逆冷：《脉经·卷二·平三关病候并治宜第三》《备急千金
要方·卷二十八脉法（凡十六类）·三关主对法第六》均作"足胫逆冷"。
疑"上"为"足"之误，其下脱一"胫"字。

［109］小便赤黄：《脉经·卷二·平三关病候并治宜第三》《备急千
金要方·卷二十八脉法（凡十六类）·三关主对法第六》均作"小便赤"。
从《脉经》与《备急千金要方》"宜服附子四逆汤"的治疗方药来看，
"黄"应为衍字。

［110］按之而鸿毛，举之：《脉经·卷一·脉形状指下秘决第一》
《备急千金要方·卷二十八脉法（凡十六类）·指下形状第三》均无此语，
应是别有来源。

［111］上焦有寒：《脉经·卷二·平三关病候并治宜第三》《备急千
金要方·卷二十八脉法（凡十六类）·三关主对法第六》其下均有"心
痛，咽酸吐酸水"七字，当是。

［112］胃中有气，不欲食，脾气不足：《脉经·卷二·平三关病候
并治宜第三》作"其人不欲食，此胃气不调，脾气不足"，《备急千金要
方·卷二十八脉法（凡十六类）·三关主对法第六》作"不欲食，此脾
胃气不足"。似应以《脉经》为是。

【原文】

S.5614 第 130～155 行，见图 4-1-4 第 4～12 行。

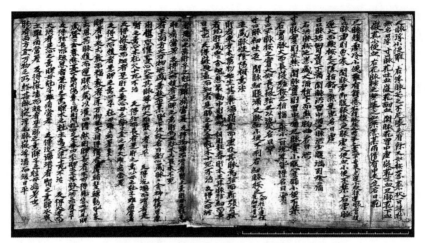

图 4-1-4 《平脉略例》S.5614（4）

【录文】

156. 尺脉缓，虚冷[113]，小便难，有余歷（沥）。右缓脉，按之无，举之尽牢[114]，去来亦迟，小駃（快）于迟脉，名曰缓。

157. 寸口脉虚，则恶寒。关脉虚，即腹胀[115]槛槛[116]。尺脉虚，大便血，小便不禁[117]。右，虚脉，

158. 迟大而软，按之大[118]，隐指豁豁然空也。名曰虚。

159. 寸口脉洪，胸胁下满。关脉洪，胃中满[119]。尺脉洪，少腹满，引阴痛[120]。

160. 右洪脉，按之悉盛大，满指下，而热拘曲，名曰洪[121]。

161. 寸口脉实，则生热[122]。关脉实，则胃中痛，尺脉实，小腹牢痛，小便不禁。

162. 右实脉，大而长，微强，按之指愊愊然小[123]。一曰：沉浮皆得，名曰实。

163. 寸口牢脉[124]，按之实大，如长微弦。又以（似）沉伏，名曰牢[125]。

164. 寸口脉细，吐返[126]。关脉细，胀满。尺脉细，小便不利。右细脉，按之而大于小迟，恒有，细耳，名曰细[127]。

【校释】

[113]尺脉缓，虚冷:《脉经·卷二·平三关病候并治宜第三》及《备急千金要方·卷二十八脉法（凡十六类）·三关主对法第六》此处均作"尺脉缓，脚弱下肿"。从《脉经》与《备急千金要方》"宜服滑石汤、瞿麦散"的治疗方药来看，"虚冷"二字当误。

[114]按之无，举之尽牢:《脉经·卷一·脉形状指下秘决第一》及《备急千金要方·卷二十八脉法（凡十六类）·指下形状第三》均无此语，应是涉上而误。

[115]腹胀:《脉经·卷二·平三关病候并治宜第三》及《备急千金要方·卷二十八脉法（凡十六类）·三关主对法第六》均无关于虚脉的记载，《脉经·卷十·手检图三十一部》载:"关上实，即痛;虚，即胀满。"

[116]槛槛:槛槛，车行声。《诗经·王风·大车》:"大车槛槛，毳衣如菼。"郑玄笺:"槛槛，车行声。"故腹胀槛槛当是腹胀伴有肠鸣音。

[117]大便血，小便不禁:《脉经·卷二·平三关病候并治宜第三》及《备急千金要方·卷二十八脉法（凡十六类）·三关主对法第六》均无关于尺脉虚的记载。《脉经·卷十·手检图三十一部》载:"尺中实，即小便难，少腹牢痛;虚，即闭涩。"文义与此不同。本句可能源于《千金翼方·卷第二十五色脉·诊尺中脉第六》，其载"尺中虚者，漏血，小便不禁"。

[118]按之大:《脉经·卷一·脉形状指下秘决第一》及《备急千金要方·卷二十八脉法（凡十六类）·指下形状第三》均作"按之不足"。疑"大"为"不"之误，其下脱一"足"字。

[119]胃中满:《脉经·卷二·平三关病候并治宜第三》及《备急千金要方·卷二十八脉法（凡十六类）·三关主对法第六》均作"胃中热，必烦满"。其下脱"热，必烦"三字。

[120]尺脉洪，少腹满，引阴痛:《脉经·卷二·平三关病候并治

宜第三》及《备急千金要方·卷二十八脉法（凡十六类）·三关主对法第六》及《脉经·卷十·手检图三十一部》均无关于尺脉洪的记载。P.3655"七表"脉下载"洪脉……鱼际之中长若此，小便稠数血凝脓"。据前后文，此句应是论尺中洪脉主病。而"小便稠数血凝脓"之疾出现"少腹满，引阴痛"也就顺理成章了。

[121] 按之悉盛大，满指下，而热拘曲，名曰洪：《千金翼方·卷第二十五色脉·诊脉大意第二》作"按之浮大在指下而满，名曰洪"。"热"字疑系上行"胃中热"之脱文。"拘曲"即"钩"象，系对洪脉形态的进一步描述。《脉经·卷三·心小肠部第二》载："心象火……其脉洪……夏脉心也，南方火也，万物之所以盛长也。故其气来盛去衰，故曰钩。"

[122] 生热：《脉经·卷二·平三关病候并治宜第三》及《备急千金要方·卷二十八脉法（凡十六类）·三关主对法第六》，"生热"之下有"在脾肺，呕逆气塞"七字。

[123] 按之指愊愊然小：《脉经·卷一·脉形状指下秘决第一》及《备急千金要方·卷二十八脉法（凡十六类）·指下形状第三》均作"按之隐指愊愊然"。"愊愊"坚实貌。"隐指"，脉大过指之谓。无论是"按之隐指愊愊然"，还是"按之指愊愊然小"均是言脉大过指，指下坚实。

[124] 牢脉：据前后文例，其后脱三部牢脉主病。《脉经·卷二·平三关病候并治宜第三》及《备急千金要方·卷二十八脉法（凡十六类）·三关主对法第六》中，关部牢脉主"脾胃气塞，盛热，即腹满响响"，尺部牢脉主"腹满，阴中急"，均缺寸部牢脉主病。

[125] 按之实大，如长微弦。又以（似）沉伏，名曰牢：《脉经·卷一·脉形状指下秘决第一》及《备急千金要方·卷二十八脉法（凡十六类）·指下形状第三》均有革脉而无牢脉，其革脉脉形作"有似沉伏，实大而长微弦"，与此牢脉正同。

[126] 吐返：《脉经·卷二·平三关病候并治宜第三》作"发热及吐"，《备急千金要方·卷二十八脉法（凡十六类）·三关主对法第六》

作"发热呕吐"。"吐反"当是"发热及吐"之"发热"缺脱之后，由"及吐"倒误而致。

[127] 按之而大于小迟，恒有，细耳，名曰细:《脉经·卷一·脉形状指下秘决第一》及《备急千金要方·卷二十八脉法（凡十六类）·指下形状第三》均作"小大于微，常有，但细耳"，《千金翼方·卷第二十五色脉·诊脉大意第二》作"按之迟小，小大于微，恒有，细耳，名曰细"，此倒讹误而成如此。

二、P.2115

【原文】

P.2115 第 109 ～ 120 行，见图 4-1-5 第 7 ～ 18 行。

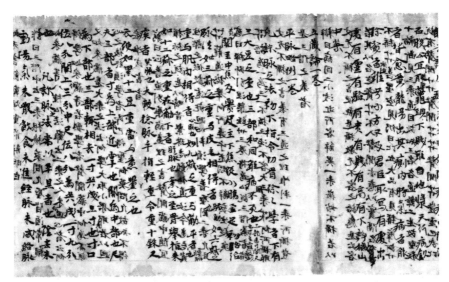

图 4-1-5 《平脉略例》P.2115（1）

【录文】

109.《平脉略例》一卷

110.凡诊脉之法，初下指，令切骨，徐徐学者[1]，下有

111. 三大豆之重也。三部和同，虽病困不死也。三部者，寸、关、尺也。寸主上燋（焦），从头竟手

112. 关主中焦及腰。尺主下焦，从小肠至足。初治

113. 脉法，如三菽之重，与皮毛相得者，肺脉也。如六菽之

114. 重，与肌肉相得者，心脉也[2]。如九菽之重，与筋平者，脾脉也[3]。

115. 如十二菽之重，在筋下者，肝脉也[4]。案（按）之至骨，举指来

116. 疾者，肾脉也。大较[5]捻脉[6]，手指轻重令重十铢。又

117. 云：使如累十二豆重，当与意量之也。

118. 夫三部者，寸为上部，近掌也。关为中部也，尺

119. 为下部也。三部辄相相去一寸，共成三寸也[7]。寸口

120. 位八分，关上三分，中尺位八分，为共成一寸九分

【校释】

[1] 徐徐学者："学者"当为"举指"之误。据《玄感脉经》"切脉之法，初下指，令切骨；徐徐举指，令指下有三大豆之重也"。《备急千金要方·平脉大法第一》"先诊寸口，初重指切骨，定毕便渐举指，与皮毛相得，于轻重之间，随人强弱肥瘦，以意消息进退举按之宜"。

[2] 如六菽之重，与肌肉相得者，心脉也:《脉经·持脉轻重法第六》作"如六菽之重，与血脉相得者，心部也"。《千金翼方·卷第二十五色脉·诊脉大意第二》作"如六菽之重，与血脉相得者，心脉也"。

【按】《素问·刺齐论》曰："黄帝问曰：愿闻刺浅深之分。岐伯对曰：刺骨者无伤筋，刺筋者无伤肉，刺肉者无伤脉，刺脉者无伤皮，刺皮者无伤肉，刺肉者无伤筋，刺筋者无伤骨。帝曰：余未知其所谓，愿闻其解。岐伯曰：刺骨无伤筋者，针至筋而去，不及骨也。刺筋无伤肉者，至肉而去，不及筋也。刺肉无伤脉者，至脉而去，不及肉也。刺脉无伤皮者，至皮而去，不及脉也。"可见人体的结构由表至里依次为：皮→脉→肉→筋→骨。《灵枢·五色》曰："肝合筋，心合脉，肺合皮，脾合肉，肾合骨也。"根据五行五体理论，"皮→脉→肉→筋→骨"分别

与"肺→心→脾→肝→肾"相对应。故应以《千金翼方》为据，下同。

[3] 如九菽之重，与筋平者，脾脉也：《脉经·卷一·持脉轻重法第六》作"九菽之重，与肌肉相得者，脾部也"。《千金翼方·卷第二十五色脉·诊脉大意第二》作"如九菽之重与肌肉相得者，脾脉也"，当是。

[4] 如十二菽之重，在筋下者，肝脉也：《脉经·持脉轻重法第六》作"如十二菽之重，与筋平者，肝部也"。《千金翼方·卷第二十五色脉·诊脉大意第二》作"如十二菽之重，与筋平者，肝脉也"，当是。

[5] 大较：大法，大体。《史记·律书》："岂与世儒间于大较，不权轻重，猥云德化，不当用兵，大至君辱失守，小乃侵犯削弱，遂执不移等哉！"司马贞《索隐》："大较，大法也。"

[6] 捻（niē）脉：捻，按也。捻脉即按脉。

[7] 三部辄相去一寸，共成三寸也

【按】关于寸、关、尺三部之尺寸，《难经·二难》曰："尺寸者，脉之大要会也。从关至尺是尺内，阴之所治也；从关至鱼际是寸内，阳之所治也。故分寸为尺，分尺为寸。故阴得尺内一寸，阳得寸内九分。尺寸终始，一寸九分，故曰尺寸也。"《难经》以降，中医主流观点皆持此说。如此句后所言："寸口位八分，关上为三分，尺中位八分，共成一寸九分也。"的确，隋唐之际有关于寸、关、尺三部尺寸的一种学说，即此句所谓寸、关、尺各占一寸，共成三寸。隋唐之际的杨上善所著的《黄帝内经太素·卷第三阴阳·阴阳大论》曰："华佗云：尺、寸、关三部各有一寸，三部之地合有三寸。未知此言何所依据。"杨上善认为其没有理论根据。再者，唐代杨玄操《八十一难经注》中引《王叔和脉诀》曰："三部之位，辄相去一寸，合为三寸。"显然《平脉略例》的编著者未对这两种理论详加区分，故将其混抄在一起。

【原文】

P.2115 第 121～141 行，见图 4-1-6 第 1～21 行。

图 4-1-6 《平脉略例》P.2115（2）

【录文】

121. 也。凡诊脉法，常以平旦者。何也？阴去[8]（气）未

122. 动，阳气未散，饮食未进，经脉未盛，络脉

123. 调均，血气[9]，故乃可诊[10]。平旦者，阴阳俱在于

124. 寸口[11]，阴阳未分，其气大定，是故脉必审而知

125. 其调和也。人一呼脉再动，气行三寸，一吸脉亦再

126. 动，气行三寸，呼吸定息，并有五动，气行六寸，

127. 是其常，平人也。一日一夜一万三千五百息。脉并

128. 有行五十周于身，漏下百刻。荣卫之气，行

129. 阳廿五度，行阴亦廿五度，周如[12]复始，会于手太阴者，寸

130. 口是也。寸口者，五脏六府血气之所终，故

131. 死生决于寸口。凡诊脉法，肝心出左，脾肺出

132. 右，肾与命门俱出尺部。府为阳[13]。心部在左手，为

133. 寸口也。以小肠合为府，合为[14]上焦也。胆、肝部在左

134. 手关上也。以胆合为府，合于中焦。肾部在左手尺中是也。

135. 以膀胱合为府，合于下焦，在胞门。肺部在右手寸口是也。以

大肠合为府，合于上焦，在呼吸之府。

136.脾部在右手关上是也。以胃合为府，合于中焦，皮（脾）胃之间，名曰章门。

137.肾部在右手尺中是[15]。以膀胱合为府，合为[16]下焦，在子户。五蔵（藏）者，肝、心、肾、脾、

138.肺是也。六府者，小肠、大肠、胆、胃、膀胱、三焦是

139.也。六府者，阳也。五藏者，阴也。阳病易治，阴病

140.难治。阳病欲得见人，阴病不欲得见人。阳病见阴脉者死，

141.阴病见阳脉者愈。脉大、浮、数、动、滑为阳；脉沉、澀（涩）

【校释】

［8］去：据 S.5614，作"气"，当是。

［9］血气：据 P.3477《玄感脉经》，其后脱"未乱"二字。

［10］故乃可诊

【按】《素问·脉要精微论》本句作"诊法常以平旦，阴气未动，阳气未散，饮食未进，经脉未盛，络脉调匀，气血未乱，故乃可诊有过之脉"。认为平旦诊脉乃是诊病脉，而《平脉略例》下文说："是故，脉必审而知其调和也"，认为平旦诊脉乃是诊调和脉，即平脉。究竟孰是孰非？考虑到临床实际，由于种种因素的制约，古往今来几乎很难做到平旦诊脉，故诊脉常以平旦是一种理想状态。故学者孟琳升 2006 年在《中国中医药报》发表文章指出，《内经》"诊法常以平旦"之说其实是对学习诊脉，认识常脉的最佳时间规定。

［11］平旦者，阴阳俱在于寸口：平旦为十二时辰寅时时辰之别称，据十二时辰全身阴阳经脉气血流注规律，寅时全身阴阳经脉气血恰流注于手太阴肺经，而寸口为手太阴肺经所经过，故曰："平旦者，阴阳俱在寸口。"

［12］如：据 S.5614，作"而"，当是。

［13］府为阳：前后文义不通，疑为衍文。

［14］合为：据 S.5614，作"为"，当是。

［15］是：据 S.5614，其后脱"也"字。

［16］为：据 S.5614，作"于"，当是。

【原文】

P.2115 第 142 ～ 158 行，见图 4-1-7 第 3 ～ 19 行。

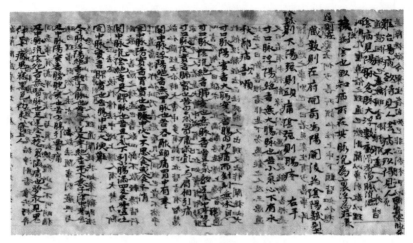

图 4-1-7 《平脉略例》P.2115（3）

【录文】

142. 微、弦，为阴也。欲知病所在，其脉沉为里，浮为在表，

143. 迟则在

144. 藏，数则在府。关前为阳，关后为阴。阳数则土（吐），

145. 阴数则下。阳弦则头痛，阴弦则腹疼。右手

146. 寸口脉浮阳绝者，无大肠脉也。苦小[17]气，心下有水，

147. 秋节病欬（咳）嗽（嗽）[18]。

148. 寸口脉阳实者，大肠实也。苦肠内切痛，而针刺（刺）无休息。

149. 寸口脉阴沉[19]绝者，肺实也[20]。无脉[21]也。苦豆（短）气欬（咳）逆，喉中寒[22]，噫逆。

150. 寸口脉阴实者，肺实也。苦少气，胷（胸）痛满彭彭[23]，与肩相引痛。

151. 关中脉浮阳绝者，无胃脉也。苦吞酢[24]头痛，胃中有寒。

152. 关中脉阳实者，胃实也。苦腹[25]（肠）中伏伏[26]，不思食或食不消。

153.关中脉沉阴绝者，是[27]脾脉也。苦短气下利，小肠满，四支（肢）不举，呕吐。

154.关中脉实[28]者，脾实也。苦肠中坚，大便难。

155.尺中脉浮阳绝者，无子户脉也。苦足寒逆足[29]，绝产，带下，无子，阴中寒苦。

156.尺中脉阳实者，膀胱实也。苦小肠[30]满引腰痛。

157.尺中脉沉阴绝者，无肾脉也。足逆冷，上搶（抢）胸心满痛也，梦入水见鬼

158.神，善厌鬼寐（魅）黑色初来奄上人[31]。

【校释】

［17］小：据 S.5614，作"少"，当是。

［18］欬（咳）嗽（嗽）："欬"当"咳"之异体字"咳"之误，"嗽"当为"嗽"之之误。形近而误。下同。《脉经·卷二·平三关阴阳二十四气脉第一》《备急千金要方·卷十八大肠腑·大肠腑脉论第一》均作"立秋节即咳"，义同。

［19］阴沉：据前后文例，当逆转为"沉阴"。

［20］肺实也：衍文，涉下而衍。

［21］无脉：据《脉经·卷二·平三关阴阳二十四气脉第一》《备急千金要方·卷十七肺脏方·肺脏脉论第一》，"脉"前脱一"肺"字。

［22］喉中寒：《脉经·卷二·平三关阴阳二十四气脉第一》《备急千金要方·卷十七肺脏方·肺脏脉论第一》均作"喉中塞"，当是。"寒"，"塞"形近而误。

［23］彭彭：胸中胀满貌。

［24］酢：《玉篇》："酸也。"

［25］腹：据 S.5614，作"肠"，当是

［26］（肠）中伏伏：《脉经·卷二··平三关阴阳二十四气脉第一》下曰："右手关上阴实者，脾实也。苦肠中伏伏如坚状。"可见"肠中伏伏"当是肠中胀满貌，故下文曰："不思食，或食不消。"

［27］是：据《脉经·卷二·平三关阴阳二十四气脉第一》《备急千金要方·卷十五脾脏方（凡十类）·脾脏脉论第一》，当作"无"字。

［28］实：据《脉经·卷二·平三关阴阳二十四气脉第一》《备急千金要方·卷十五脾脏方（凡十类）·脾脏脉论第一》，"实"前当有"阴"字。

［29］足寒逆足：《脉经·卷二·平三关阴阳二十四气脉第一》《备急千金要方·卷二十膀胱腑方（凡七类）·膀胱腑脉论第一》均作"足逆寒"，当是。本卷"寒""逆"二字互倒，后"足"字衍。

［30］小肠：《脉经·卷二·平三关阴阳二十四气脉第一》《备急千金要方·卷二十膀胱腑方（凡七类）·膀胱腑脉论第一》均作"少腹满"，当是。"小肠""少腹"形近而误。

［31］黑色初来奄上人：此六字在 S.5614 是小字，当是对前文"善魇鬼魅"的注释。"初"字在 S.5614 做"神"。《脉经·卷二·平三关阴阳二十四气脉第一》作"黑色物来掩上人"。

【原文】

P.2115 第 159～174 行，见图 4-1-8 第 3～18 行。

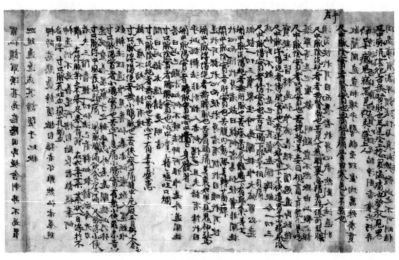

图 4-1-8 《平脉略例》P.2115（4）

【录文】

159.尺中脉阴实者,肾实也。膂(腰)背痛,骨肉寒,色色[32]然也。

160.左手:尺中脉沉阴绝者,无肾脉也。苦[33]足下热,脾(髀)里急,精气竭倦所致脾[34]。

161.尺中脉阴实者,肾实也。苦恍惚(惚)善妄(忘),目视盲盲,耳龙(聋)日日鸣。

162.尺中脉浮阳绝者,膀胱实也[35]。苦逆冷[36],妇人月下不使,遗[37],男子少精,尿浴[38]。

163.尺中脉阳实者,傍实[39]也。苦逆[40],胁下有耶(邪)气,相引争痛[41]。

164.关中脉沉阳[42]绝者,无肝脉也。苦癃遗尿,难[43],胁下有耶(邪)气,善土(吐)。

165.关中脉阴实者,肝实也。苦腹内动,恐[44],善转筋,痹。

166.关中脉浮阳绝者,无胆脉也。苦眉(肩)[45]头痛,善里,如见鬼神,惊[46]。

167.关中脉阳实者,胆脉实也,心中愤愤不安,身體(体)[47]习习。

168.寸口脉阴实者,胆脉[48]实也,心中堂堂特特,呕吐,口烂[49]。

169.寸口脉阴沉绝者,无心脉也。苦心下有毒,忧患[50]。

170.寸口脉浮阳绝者,无小肠脉也。苦侠(挟)齐(脐)痛,腹中厄[51]痕,王月则[52]上仓(抢)心。

171.寸口脉阳实者,小肠实也,苦心下急痛,小肠实,有热,小便难、赤黄。

172.寸口脉浮,中风,发热,头痛。关脉浮,腹满饮食[53]虚满。尺脉浮,小便

173.难。右浮脉,案(按)之不足,举有余。又如按葱莱(葱叶)状,一曰:浮于不[54]

174.名曰浮。寸口脉芤,吐血,微芤,酌血[55]

【校释】

[32] 色色：寒栗貌。

[33] 苦：S.5614 无此字，按上下文例，当有。

[34] 精气竭倦所致脾：S.5614 为"精气竭少，力倦所致脾"。据《脉经·卷二·平三关阴阳二十四气脉第一》《备急千金要方·卷十九肾脏方（凡八类）·肾脏脉论第一》，"力倦"当作"劳倦"，"脾"为衍字。

[35] 膀胱实：据前后文及《脉经·卷二·平三关阴阳二十四气脉第一》《备急千金要方·卷二十膀胱腑方（凡七类）·膀胱腑脉论第一》，当作"无膀胱脉"。此"膀胱实"系涉下而误。

[36] 苦逆冷：据右手尺中脉文，此逆冷当指足逆冷。

[37] 遗：据 S.5614 "遗"前补"小便"二字，当是。

[38] 尿浴：据 S.5614 改为"尿后余沥"。

[39] 傍实：据 S.5614 改为"膀胱实"。

[40] 苦逆：据 S.5614 后补"冷"一字。

[41] 相引争痛："争"当为"急"之误，形近所致。《针灸甲乙经·卷十·阴受病发痹第一》《备急千金要方·卷三十针灸下（心八类）·心腹第二》均作"腰胁相引急痛"之表述。

[42] 阳：据 S.5614 改为"阴"。

[43] 难：据 S.5614 "难"后补"言"一字。

[44] 恐：《灵枢经·本神》曰："肝气虚则恐，实则怒。"此处肝实，不应出现"恐"。且《脉经·卷二·平三关阴阳二十四气脉第一》《备急千金要方·卷十一肝脏·肝脏脉论第一》均作"恐"，疑衍。

[45] 眉（肩）：据 S.5614 改为"肩"。《脉经·卷二·平三关阴阳二十四气脉第一》《备急千金要方·卷十二胆腑方（凡七类）·胆腑脉论第一》关于"关上阳绝无胆脉"描述均为"苦膝疼，口中苦，目善畏"，《备急千金要方》为"眯目"差异。

[46] 惊：据 S.5614、《脉经·卷二·平三关阴阳二十四气脉第一》《备急千金要方·卷十二·胆腑方（凡七类）·胆腑脉论第一》，"惊"

后补"少力"二字。《脉经》《备急千金要方》比 S.5614"惊"前多一"多"字。

[47]軆（体）：《脉经·卷二·平三关阴阳二十四气脉第一》《备急千金要方·卷十二·胆腑方（凡七类）·胆腑脉论第一》均作"躯"，当是。

[48]脉：据前后文例，《脉经·卷二·平三关阴阳二十四气脉第一》《备急千金要方·卷十二·胆腑方（凡七类）·胆腑脉论第一》，"脉"字当衍。

[49]心中堂堂特特，呕吐，口烂：S.5614为"心中堂堂，时时欲呕吐，口烂"，义接近。《脉经·卷二·平三关阴阳二十四气脉第一》《备急千金要方·卷十三心脏方（凡八类）·心脏脉论第一》寸口脉阴实之心实病证为"心下有水气，忧恚发之"，而寸口脉阴绝之无心脉病证则为"心下毒痛，掌中热，时时善呕，口中伤烂"（《脉经》文，《备急千金要方》"毒痛"作"热痛"，余同）。又敦煌 S.6245、S.9431、S.9443、S.8289 残片缀合本相关文字作"□□□阴沉绝者，无心脉，苦多心下□□……疮或口烂。□□……忧恚不安，恼闷"。据其文字顺序与《脉经》及《备急千金要方》相关记载，其"疮或口烂"当是无心脉病证，而"忧恚不安，恼闷"可能系心实病证。故疑此句系将寸口脉阴绝之文字误抄于此。

[50]忧患：《脉经·卷二·平三关阴阳二十四气脉第一》《备急千金要方·卷十三心脏方（凡八类）·心脏脉论第一》寸口脉阴实之心脉病证见上条注，其中并无"忧患"相关文字，而两书出口脉阴实之心实病证下则有"忧恚发之"四字。疑此处又系将"忧恚"误作"忧患"而抄于此，综合看来，S.5614此二句可能存在前后行文字相互误抄的情况。

[51]厄：据 S.5614 改为"疝"。

[52]则：据 S.5614、S.6245 改为"即"。

[53]饮食：据 S.5614 改为"不欲食"，后补"是"字。

[54]浮于不：据《脉经·卷一·脉形状指下秘决第一》改为"浮

于手下"。

[55] 酌血：据《脉经·卷一·脉形状指下秘决第一》改为"衄血"。

三、S.6245

【原文】

S.6245 第 159～174 行，见图 4-1-9 第 7～12 行。

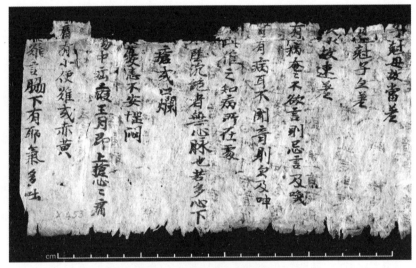

图 4-1-9 《平脉略例》S.6245

【录文】

35. 阴[1]沉绝者，无心脉也。苦多心下

36. 疮或口烂。

37. 忧恚不安，恼闷[2]。

38. 中[3]疝瘕，王月即上抢心，心痛。

39. 有[4]，小便难，或赤黄。

40. 难[5]言，胁下有耶（邪）气，多吐

【校释】

[1] 阴：据 S.5614、P.2115 "阴" 前补 "寸口脉" 三字。

[2] 苦多心下……恼闷：据敦煌 S.6245、S.9431、S.9443、S.8289

缀合本相关文字，据其文字顺序与《脉经》及《备急千金要方》相关记载，其"疮或口烂"当是无心脉病证，而"忧恚不安，恼闷"可能系心实病证。故疑此句系将寸口脉阴绝之文字误抄于此。

　　［3］中：据 S.5614、P.2115 前应为"寸口脉阳浮阴绝者，无小肠脉也。苦挟脐痛，肠"十八字，当是。

　　［4］有：据 S.5614、P.2115 前应为"寸口脉阳实者，小肠实。苦心下急痛，心腹有热"十八字。

　　［5］难：据 S.5614、P.2115 前应为"关中脉沉阴绝者，无肝脉也。苦癃遗尿"十五字。

四、Дx02869A＋Дx06150

【提要】

　　据学者惠宏考证，дx02869A、дx08644、дx06150 三篇与《平脉略例》S.5614 大部分内容相同，故不再校录 дx06150。

【原文】

　　Дx02869A 第 1 ～ 12 行，见图 4-1-10 第 1 ～ 12 行。

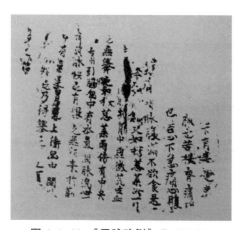

图 4-1-10　《平脉略例》Дx02869A

【录文】

1. 心下毒，忧患[1]

2. 脉也[2]，苦挟齐（脐）痛[3]□

3. 也，苦心下急痛，心腹[4]

4. 痛[5]，腹满不欲食，是[6]

5. 又如桉（按）蕊（葱）菜（叶）状[7]，

6. 脉芤，胃中虚，微芤吐血[8]

7. 之无，举之如按蕊（葱）叶，两傍（旁）有，中央[9]

8. 引胁，匈（胸）中有水气，关脉沉，心[10]

9. 沉，脉按之有，举之无，往来于筋

10. 中有气逆，胃气上冲匈（胸）中，关[11]

11. 之乃得，举之[12]

12. 下

【校释】

[1] 忧患：据 S.5614《平脉略例》《脉经·卷二·平三关阴阳二十四气脉第一》《备急千金要方·卷十三·心脏》"心脏脉论第一"寸口脉阴实之心脉病证见上条注，其中并无"忧患"相关文字，而二书出口脉阴实之心实病证下则有"忧恚发之"四字。疑此处又系将"忧恚"误作"忧患"而抄于此。

[2] 脉也：据 S.5614《平脉略例》《脉经·卷二·平三关阴阳二十四气脉第一》《备急千金要方·卷十三·心脏》"心脏脉论第一""脉也"前应为"寸口脉浮阳绝者，无小肠"十字，

[3] 齐（脐）痛：据 S.5614《平脉略例》《脉经·卷二·平三关阴阳二十四气脉第一》《备急千金要方·卷十三·心脏》"心脏脉论第一""脐痛"后应补"肠中疝瘕，王月即上抢心。寸口脉阴实者，小肠实也"二十字。

[4] 心腹：据 S.5614《平脉略例》"心腹"前应补"有热，小便难，赤黄"七字。

〔5〕痛：据 S.5614《平脉略例》"痛"前应补"凡寸口脉浮，中风发热头"十字；"痛"后应补"关脉浮"三字。

〔6〕是：据 S.5614《平脉略例》"是"后应补"虚满。尺脉浮，小便难。右浮脉，按之不足，举之有余"十九字。

〔7〕状：据 S.5614《平脉略例》"状"后补"浮于手下，名曰浮。寸口脉芤，吐血；微芤，衄血，关"十八字。

【按】原 S.5614 作"浮于无"，P.2115《平脉略例》作"浮于不"义均不通。考，本句，《脉经·卷一·脉形状指下秘决第一》"浮脉，按之不足，举之有余"下又有"浮于手下"之小字注。《备急千金要方·卷二十八·平脉》"指下形状第三"，"浮脉，按之不足，举之有余"下又有"浮于手下"之小字注。

〔8〕吐血：据 S.5614《平脉略例》及《脉经·卷十·手检图三十一部》"吐血"后补"尺脉芤，下血，微芤，小便血"十字。《脉经·卷二·平三关阴阳二十四气脉第一》《备急千金要方·卷十三·心脏》"心脏脉论第一"均作"尺脉芤下焦寒，小便去血"。

〔9〕中央：据 S.5614《平脉略例》"中央"后补"空，名曰芤。寸口脉沉，胸中痛"十一字。

〔10〕心：据 S.5614《平脉略例》"心"后补"满满，苦吞酸；尺脉沉，腰背痛；右，"十二字。

〔11〕关：据 S.5614《平脉略例》"关"后补"关脉伏，胃中有水气，泄溏。尺脉伏，水谷不化。右伏脉，按"二十一字。

〔12〕举之：据 S.5614《平脉略例》"举之"后补"不足，一云：极中按之至骨乃得，名曰伏"十一字。举之不足，《脉经·卷一·脉形状指下秘决第一》及《备急千金要方·卷二十八·平脉》"指下形状第三"伏脉下均有小字注曰："按之不足，举止无有"，当是。疑"举之不足"四字系将前行沉脉文字误抄。

五、Дx08644

【原文】

Дx08644 第 1～10 行，见图 4-1-11 第 1～10 行。

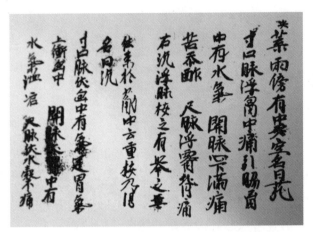

图 4-1-11 《平脉略例》Дx08644

【录文】

1. 叶，两傍有，中央空，名曰茫。

2. 寸口脉浮伏，胸中痛引胁，匈（胸）[1]

3. 中有水气，关脉心下满痛[2]，

4. 苦忝（吞）酢，尺脉浮，腰背痛[3]

5. 右沉浮脉，按之有，举之无[4]

6. 往来于筋中，云重按乃得

7. 名曰沉。

8. 寸口脉伏，胸中有气逆，胃气

9. 上冲匈（胸）中，关脉伏，胃中有

10. 水气，泄溏，尺脉伏，水谷不痛[5]

【校释】

[1] 匈（胸）：据 S.5614《平脉略例》"胸"前补"胃气上冲"四字；
"胸"后补"关脉浮，胃"三字。

［2］心下满痛：据 S.5614《平脉略例》"心下满痛"前补"沉"一字。

［3］尺脉浮，腰背痛：据 S.5614《平脉略例》作"尺脉沉，腰背痛"。

［4］右沉浮脉，按之有，举之无：据 S.5614《平脉略例》作"右沉脉，按之有，举之无"。《脉经·卷一·脉形状指下秘决第一》及《备急千金要方·卷二十八·平脉》均作"举止不足，按之有余"。

［5］水谷不痛：据 S.5614《平脉略例》作"水谷不化"。以上条文多与 S.5614《平脉略例》吻合。

六、P.4093

【提要】

P.4093 脉法内容由首尾两页组成，首页 1 行，末页有 9 行，即第 9～17 行。

【原文】

P.4093 第 1 行，见图 4-1-12 第 1 行。

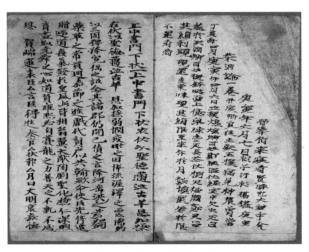

图 4-1-12　P.4093（1）

【录文】

1.骨，举指来疾者，肾脉也

【原文】

P.4093 第 9 ～ 17，见图 4-1-13 第 9 ～ 17 行。

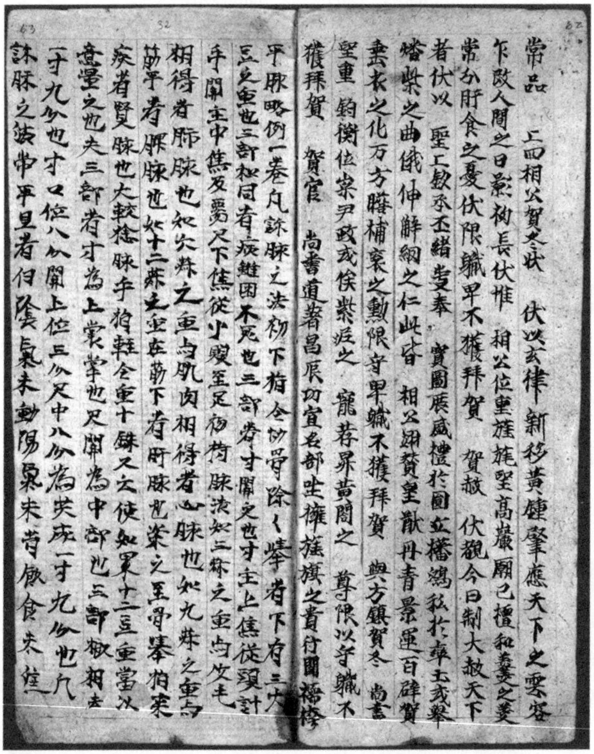

图 4-1-13　P.4093（2）

【录文】

9.平脉略例一卷：凡（凡）詠（诊）脉之法，初下指，令切骨除（徐）。举者下有三大

10.豆之重也。三部和同者，病虽困不死也。三部者，寸、关、尺也。寸主上焦，从头計（计）

11.手。关主中焦及臂（腰）。尺主下焦，从小肠至足。初持脉法，如三菽之重，与皮毛

12. 相得者，肺脉也。如六菽之重，与肌肉相得者，心脉也。如九菽之重，与

13. 筋平者，脾脉也。如十二菽之重，在筋下者，肝脉也。案（按）之至骨，举指来

14. 疾者，肾脉也。大较捻脉，手指轻重令重十铢。又云：使如累十二豆重，当与

15. 意量之也。夫三部者，寸为上，近掌也。尺关为中部也，尺为下部也。三部（辄）相去

16. 一寸九分也。寸口位八分，关上位三分，尺中八分，为共成一寸九分也。凡

17. 诊脉之法，常以平旦者何？阳气未动，阴气未昔（散），饮食未进

第二节 《脉经》摘抄

【提要】

《脉经》摘抄共5种。S.8289，原卷子正背两面书写，正面是摘抄《脉经》内容。本篇首尾及上半部均为残文，仅存36行文字，无标题及撰者。考证其内容为《脉经·卷二·平三关阴阳二十四气脉第一》《脉经·序》《脉经·卷一·脉形状指下秘决第一》，故定名为《脉经》摘抄之一。P.3287书名及撰者不详，记述两种内容。其一内容为《脉经·卷四·诊脉动止投数疏数死期年月第六》《脉经·卷四·诊损至脉第五》摘抄，故定名为《脉经》摘抄之二。其二内容为《脉经·卷一·脉形状指下秘决第一》《脉经·卷一·分别三关境界脉候所主第三》《脉经·卷二·平三关病候并治宜第三》《脉经·卷三·脾胃部第三》，故定名为《脉经》摘抄之三。P.3106，前后皆缺，仅存17行文字，上部部分文字缺失，下部文字全缺，无篇名及著者。内容涉及五脏死脉、至数死脉、四时死脉、杂病与鬼祟脉、五色死诊等，散

见于《脉经》卷三、卷四、卷五等篇章，故定名为《脉经》摘抄之四。S.6245V+S.9431+S.9443V+S.8289V缀合，内容基本与《脉经·卷二·平三关阴阳二十四气脉第一》相同，故定名为《脉经》。

一、《脉经》摘抄之一 S.8289

【原文】

S.8289 第 1 ~ 6，见图 4-2-1 第 1 ~ 6 行。

图 4-2-1 《脉经》摘抄 S.8289（1）

【录文】

1.中塞，噫噫然[1]。

2.匈（胸）中满彭彭[2]，两肩相引。

3.头[3]痛，胃中有寒，冷物慎。

4.伏[4]，不思食，食乃不消也。

5.气[5]，下利，少膓（腹）痛满，四支（肢）不举，呕吐。

6.坚[6]，大便难。

【校释】

［1］中塞，噫噫然：据 S.5614、P.2115、《脉经·卷二·平三关阴阳

二十四气脉第一》"中塞"前应补"无肺脉也。苦短气咳逆，喉"十字。"噫噫然"当为"噫逆"。

［2］匈（胸）中满彭彭：据 S.5614、P.2115、《脉经·卷二·平三关阴阳二十四气脉第一》"胸中满彭彭"前补"寸口脉阴实者，肺实也。苦少气"十二字。

［3］头：据 S.5614、P.2115、《脉经·卷二·平三关阴阳二十四气脉第一》补"关中脉浮阳绝者，无胃脉也。苦吞酸"十四字。

［4］伏：据 S.5614、P.2115、《脉经·卷二·平三关阴阳二十四气脉第一》"伏"前补"关中脉阳实者，胃实也。苦肠中伏"十三字。

［5］气：据 S.5614、P.2115、《脉经·卷二·平三关阴阳二十四气脉第一》"气"前补"关中脉沉阴绝者，无脾脉也。苦少"十三字。

［6］坚：据 S.5614、P.2115、《脉经·卷二·平三关阴阳二十四气脉第一》"坚"前补"关中脉阴实者，脾实也。苦肠中"十二字。

【原文】

S.8289 第 7～12，见图 4-2-2 第 2-7 行。

图 4-2-2 《脉经》摘抄 S.8289（2）

【录文】

7. 寒[7]，绝产，带下，无子，阴中多冷寒。

8. 腹[8]中引痛及膂（腰）

9. 冷[9]气上心，胷（胸）中满[痛]，似见鬼神，压（魇）

10. 腰[10]疼，骨肉冷，寒热不时，色色（瑟瑟）然也。

11. 新[11]撰

12. 芤[12]，掾（辗）抟（转）相类，在心易了，指下难明，谓

【校释】

[7]寒：据 S.5614、P.2115"寒"为后"逆足"两字；而《脉经》《备急千金要方》均作"足逆寒"。

[8]腹：据 S.5614、P.2115、《脉经·卷二·平三关阴阳二十四气脉第一》"腹"前补"尺中脉阳实者，膀胱实也。苦少"十二字。

[9]冷：据 S.5614、P.2115、《脉经·卷二·平三关阴阳二十四气脉第一》"冷"前补"尺中脉沉阴绝者，无肾脉也。足逆"十三字。

[10]腰：据 S.5614、P.2115、《脉经·卷二·平三关阴阳二十四气脉第一》"腰"前补"尺中脉阴实者，肾实也。苦骨疼"十二字，后补"脊"字。

[11]新：据 S.5614、P.2115、《脉经·卷二·平三关阴阳二十四气脉第一》"寒"前补"尺中脉阳实者，膀胱实也。苦小"十二字。

[12]芤：据《脉经·序》"寒"前补"脉理精微，其体难辨。弦紧浮"十一字。

【原文】

S.8289 第 13～19，见图 4-2-2 第 2～8 行。

图 4-2-3 《脉经》摘抄 S.8289（3）

【录文】

13. 危瘵[13]立至，况（况）有數（数）隹俱（候）见，异病

14. 系[14]，和鹊少[15]妙，犹惑（或）加思，仲景明审[16]，

15. 故伤寒有承气之诫（戒），欧（呕）哕发下焦之

16. 阙[17]而不集[18]，遂令末学昧本[19]，手资[20]偏

17. 望[21]，良有以也。今撰集岐伯以来，遂[22]于

18. 类[23]相从，声色证候，靡不该俻，其

19. 录[24]，诚能留心研求，究其微赜，则可以比[25]

【校释】

[13]瘵：据《脉经·序》作"殆"。

[14]系：据《脉经·序》"系"前补"同脉者乎！夫医药为用，性命所"十二字。

[15]少：据《脉经·序》改为"至"。

[16]审：据《脉经·序》"系"后补"亦候形证，一毫有疑，则考校以求验。"十四字。

[17]阙：据《脉经·序》"阙"前补"问。而遗文远旨，代寡能用，旧经秘述"十四字。

［18］集：据《脉经·序》改为"售"。

［19］昧本：《脉经·序》改为"昧于原本"。

［20］手资：据《脉经·序》改为"斥兹"。

［21］望：据《脉经·序》"望"前补"见，各逞己能。致微疴成膏肓之变，滞固绝振起之"十九字。

［22］遂：据《脉经·序》改为"逮"。

［23］类：据《脉经·序》"类"前补"华佗，经论要决，合为十卷。百病根原，各以"十六字。"类"后补一"例"字。

［24］录：据《脉经·序》"录"前补""王、阮、傅、戴、吴、葛、吕、张，所传异同，咸悉载"十五字。

［25］可以比：据《脉经·序》"可以比"后补"踪古贤，代无夭横矣。"八字。

【原文】

S.8289 第 20 ～ 24，见图 4-2-4 第 2 ～ 6 行。

图 4-2-4 《脉经》摘抄 S.8289（4）

【录文】

20. 下[26]秘决（诀）第一

21. 浮[27]于指下。滑脉，往来前却[28]

22. 数脉，去来速促急。一曰：息[29]六至。一曰：数者进[30]名。动脉，见[31]

23. 举之无有，案（按）之如弓弦状。一曰：如张弓弦[32]

24. 余[33]。一曰：重按之乃得。濇脉，细而迟，往来[34]

【校释】

[26] 下：据《脉经·卷一·脉形状指下秘决第一》"下"前补"脉形状指"四字。

[27] 浮：据《脉经·卷一·脉形状指下秘决第一》"浮"前补"浮脉，举之有余，按之不足"十字。"指"改为"手"。

[28] 却：据《脉经·卷一·脉形状指下秘决第一》"却"后补"滑脉，往来前却流利，展转替替然，与数相似。（一曰浮中如有力。一曰漉漉如欲脱）"三十一字。

[29] 息：据《脉经·卷一·脉形状指下秘决第一》"息"前补一"一"字。

[30] 进：据《脉经·卷一·脉形状指下秘决第一》"进"后补一"之"字。

[31] 见：据《脉经·卷一·脉形状指下秘决第一》"见"后补"见于关上，无头尾，大如豆，厥厥然动摇"十五字。

[32] 弦：据《脉经·卷一·脉形状指下秘决第一》"弦"后补"一曰如张弓弦，按之不移。又曰浮紧为弦"十六字。

[33] 余：据《脉经·卷一·脉形状指下秘决第一》"余"前补"举之不足，按之有余"八字。

[34] 往来：据《脉经·卷一·脉形状指下秘决第一》"往来"后补"难且散，或一止复来"，类似结脉。

【原文】

S.8289 第 25 ～ 29，见图 4-2-5 第 2 ～ 6 行。

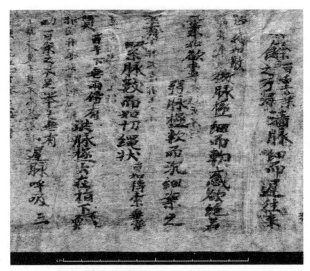

图 4-2-5 《脉经》摘抄 S.8289（5）

【录文】

25. 惑（或）[35]如散。微脉，極（极）细而软，惑（或）欲绝。若[36]

26. 案（按）如[37]欲尽。弱脉，极软而沉细，按之[38]

27. 有。紧脉，数而如切绳状。一曰：如抟[39]索无常。

28. 实[40]。一曰：手下无，两傍（旁）有。洪脉，极大在指下。一曰而[41]大。

29. 动[42]。一曰：案（按）之不足，举之无有。遟（迟）脉，呼吸三[43]

【校释】

［35］或：据《脉经·卷二·脉形状指下秘决第一》"或"前补"涩脉，细而迟，往来难且散，或一止复来。（一曰浮而短，一曰短而止）"二十五字。

［36］若：据《脉经·卷二·脉形状指下秘决第一》"若"后补"有若无。（一曰小也。一曰手下快。一曰浮而薄。一曰）"十九字。

［37］如：据《脉经·卷二·脉形状指下秘决第一》改为"之"。

［38］之：据《脉经·卷二·脉形状指下秘决第一》"之"后补"欲绝指下。（一曰按之乃得，举之无）"十三字。

［39］抟：据《脉经·卷二·脉形状指下秘决第一》改为"转"。

［40］实：据《脉经·卷二·脉形状指下秘决第一》"实"前补"芤脉，浮大而软，按之中央空，两边"十三字。

［41］而：据《脉经·卷二·脉形状指下秘决第一》"而"前补"浮"字。

［42］动：据《脉经·卷二·脉形状指下秘决第一》"动"前补"伏脉，极重指按之，着骨乃得。（一曰手下裁）"十六字。

［43］三：据《脉经·卷二·脉形状指下秘决第一》"三"后补"至，去来极迟。一"六字。

【原文】

S.8289 第 30～35，见图 4-2-6 第 2～7 行。

图 4-2-6 《脉经》摘抄 S.8289（6）

【录文】

30. 曰：案（按）之尽牢，举之无有。缓脉，去来亦[44]

31. 细脉，小大于微，恒有，但细耳。促脉[45]，

32. 有，举之无（有）余，一曰：细小如（而）软。虚脉，迟大而

33. 脉[46]，大而长，微强。案（按）之隐指愊愊然。

34. 来。何谓代？何谓结？曰：代者[47]

35. 名曰代。结者动而中止，小数中有还[48]

【校释】

［44］亦：据《脉经·卷二·脉形状指下秘决第一》"亦"后补"迟，小快于迟。（一曰浮大而软，阴浮与阳同等）"十七字。

［45］促脉：据《脉经·卷二·脉形状指下秘决第一》"促脉"后补"来去数，时一止复来"八字。

［46］脉：据《脉经·卷二·脉形状指下秘决第一》"脉"前补"实"一字。

［47］代者：据《脉经·卷二·脉形状指下秘决第一》"脉"前补"来数中止，不能自还，因而复动"十二字。

［48］小数中有还：据《脉经·卷二·脉形状指下秘决第一》作"往来缓，时一止复来。按之来缓，时一止者，名结阳；初来动止，更来小数，不能自还，举之则动，名结阴"。

二、《脉经》摘抄之二 P.3287

【原文】

P.3287 第 51 ～ 60，见图 4-2-7 第 25 ～ 29 行。

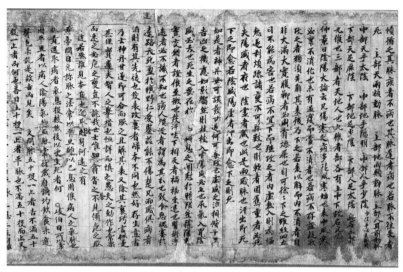

图 4-2-7 《脉经》摘抄 P.3287（1）

【录文】

51. 黄帝问曰：凡诊脉之法，常以平旦。师以己息用候病人之气脉也。

52. 脉竟，还取病者气息投数，然后以决死生者何？岐伯曰：所以常

53. 用平旦者，以病人阴阳气静，血脉常行，脏腑调均，饮食未进，

54. 声色未乱，是故吉凶见矣。又问：脉五十投一止者，吉；不满五十

55. 投一止者，凶：何也？答曰：

三、《脉经》摘抄之三 P.3287

【提要】

《脉经》摘抄之三 P.3287 由两部分组成，由 P.3287 第 55 ～ 60 行和第 67 ～ 82 行构成，共同使用 P.3287（2）图片，所以出现编号 60 之后为 67 的情况。

【原文】

P.3287 第 55 ~ 82，见图 4-2-8 第 2 ~ 29 行。

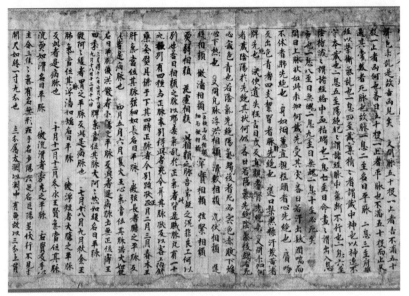

图 4-2-8 《脉经》摘抄 P.3287（2）

【录文】

56.五十投一止者，平脉也。不满五十投而止又过其常数者，死脉也[1]。故脉一息二至，名曰平脉；一息三至，府离

57.经，以荣卫气乱也。一息四至，藏夺精，精者，谓藏中神也，以神逸不

58.守本藏也；一息五至，阳绝纪；阳绝纪谓诸经脉中气断不行也；一息六至，

59.阴持灭；阴持灭谓诸经络中血枯竭也；一息七至，曰命尽；命尽谓出入息

60.斋（希）也；一息八至，曰无魄；一息九至，曰无魂；一息十至，必死矣[2]。

67.又问：凡脉浮洪相类[3]，滑数相类，沉伏相类，迟

68.缓相类，微涩相类，一云软与迟相类，细与微相类，牢实相类，

弦紧相类。

69. 耎（软）弱相类，芤虚相类。此相类之脉，吾常疑之，况非良工，何以

70. 别也？答曰：相类之脉，以耶（邪）毒气乱于正气者，此皆是贼脉，凡有一十

71. 九种，别有四种与正脉本别，得此者死。今并其脉状及以客病，针

72. 药、灸、熨，具条于下，其四时正脉者，今别疏状。正月、二月、三月，春木王，

73. 肝气当位，其脉弦细如长，名曰平脉。微弦长者，胆之平脉，反

74. 此（不清）者是病脉也。四月、五月、六月，夏火王，心气当位。其脉洪大如散，

75. 名曰平脉。微洪散者，小肠之平脉，反此者是病脉。土（土）无正位，寄王

76. 四季。三月得十八日，六月十八日，九月十八日，十二月十八日，脾气当位，其脉大阿阿然如缓，名曰平脉[4]。

77. 微阿阿缓者，胃之平脉，反此是病脉也[5]。七月、八月、九月，秋金王，

78. 肺气当位，其脉浮濇（涩）如短，名曰平脉。微浮短者，大肠之平脉。

79. 反此者是病脉也。十月、十一月、十二月，冬水王，肾气当位，其脉

80. 沉软如滑，名曰平脉。微沉滑者，旁光（膀胱）之平脉。右肾及手心

81. 主合三焦，三焦气有名无形，在手名少阳，在足名巨阳，并伏（伏）行不见。寸

82. 关尺如终，一寸九分也。三分属太渊，以渊中有鱼，故以三分

上贯

【校释】

[1]五十投一止者，平脉也。不满五十投而止……死脉也：据《脉经·卷四·诊脉动止投数疏数死期年月第六》曰："脉来五十投而不止者，五脏皆受气，即无病。脉来四十投而一止者，一脏无气，却后四岁，春草生而死。脉来三十投而一止者，二脏无气，却后三岁，麦熟而死。脉来二十投而一止者，三脏无气，却后二岁，桑椹赤而死。脉来十投而一止者，四脏无气，岁中死。得节不动，出清明日死，远不出谷雨死矣。脉来五动而一止者，五脏无气，却后五日而死。"由此可知脉象的投止与疾病生死的关系。

[2]故脉一息二至，名曰平脉……一息十至，必死矣：《脉经·卷四·诊损至脉第五》曰："脉有损至，何谓也？然：至之脉，一呼再至曰平，三至曰离经，四至曰夺精，五至曰死，六至曰命绝，此至之脉也。何谓损？一呼一至曰离经，二呼一至曰夺精，三呼一至曰死，四呼一至曰命绝，此损之脉也。至脉从下上，损脉从上下也。"《千金翼方·卷二十五色脉·诊杂病脉第七》曰："凡脉一息再至为平，无病也。一息三至名离经。离，失也；经，常也。其人荣卫已亏，将欲病也。一息四至为夺精，其人已病也。一息五至为绝命，有大有小为难治。一息六至为将灭。一息七至为命尽。一息八至为无魂。一息九至为无魄。一息十至为今死。"疑似著者将《脉经》与《备急千金要方》内容整合而成。

[3]相类：《脉经·卷一·脉形状指下秘决第一》作"浮与芤相类（与洪相类），弦与紧相类，滑与数相类，革与实相类沉与伏相类，微与涩相类，软与弱相类，缓与迟相类"。《备急千金要方·卷二十八脉法·指下形状第三》作"弦与紧相类，软与弱相类，浮与芤相类（又曰浮与洪相类）。微与涩相类，沉与伏相类，缓与迟相类（又曰软与迟相类）。革与实相类"。《千金翼方·卷二十五色脉·诊脉大意第二》作"沉与伏相类，濡与弱相类，弦与紧相类，浮与芤相类，牢与实相类，微与涩相类，迟与缓相类，滑与数相类"。疑似著者将《脉经》与《备

急千金要方》内容整合而成，并进一步发挥。

[4] 脾气当位，其脉大阿阿然如缓，名曰平脉：《脉经·卷三·脾胃部第三》作"脾王之时，其脉大阿阿而缓，名曰平脉……长夏胃微濡弱，曰平。弱多胃少，曰脾病"，《备急千金要方·卷十五脾脏方·脾脏脉论第一》作"脾旺之时，其脉大阿阿而缓曰平"，三个本子义通。考，阿，细缯，古代一种轻细的丝织品。如《淮南子·修务》曰："衣阿锡，曳齐纨。"《史记·司马相如传》曰："被阿锡，揄纻缟。"《汉书·礼乐志》曰："曳阿锡。注：细缯也。"又如：阿锡，细的丝布。阿指细缯，锡是细布。阿阿，指脾脉柔和而缓的样子。

[5] 微阿阿缓者，胃之平脉，反此是病脉也：《脉经·卷三·脾胃部第三》《备急千金要方·卷十五脾脏方·脾脏脉论第一》均作"长夏胃微濡弱，曰平；弱多胃少，曰脾病；但代无胃，曰死。濡弱有石，曰冬病；石甚，曰今病"。三个本子义同，但表达不一。疑似著者将《脉经》与《备急千金要方》内容整合而成，并进一步发挥。关于其他脏腑脉象不一一赘述。

【原文】

P.3287 第 83～109，见图 4-2-9 第 3～29 行。

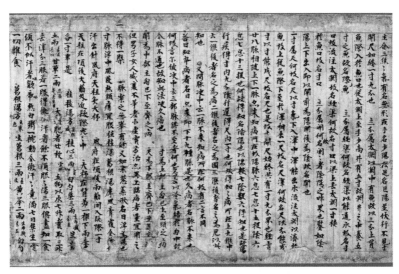

图 4-2-9 《脉经》摘抄 P.3287（3）

【录文】

83.鱼际，入于鱼口也。从太渊上至手少商并有五寸，故渊井之中痒（养）五

84.寸之鱼，故名鱼际。三分属经渠，何故名经渠？以能通水，故名寸

85.口，故流注太渊，故名经渠。何故名寸口？以渠上去太渊一寸，接

86.于鱼口，故名寸口。三分属关，何故名关？关者，阴阳之畔界也[6]。鉴如阴

87.阳上下出入，即以关前为阳，关后为阴，故名关也。

88.一寸属尺，何故名尺？以寸气下入泽中，泽能出水，流注太渊，以济于

89.鱼，故上从鱼际，下至于泽，相去一尺，故名尺泽。何故名尺？以分能成

90.寸，以寸能成尺，故名尺也，是故寸关尺始终共有一寸九分，界也。经言：

91.廿八脉相随上下，一脉亦来，知病所在。故阳脉六息、七息十五投，阴[7]六

92.息、七息十三投也。何故得知名阴阳也？以阳数七、阴数六得知也。是故阳

93.行疾，得寸内九分；阴行迟，得尺内一寸也。何故得知知病所在？上九候中

94.云：一候后者，名之为病；二候后者，名之为困；三候后者，名之为厄（危）：以此

95.知也。又问:《脉决（诀）》中云：一脉不来，知病所在。何故有二言不同？

96.答曰：知孛（卒）病者，名曰亦来，即下十九种脉是也。久病者，名脉不来也。

97.何故言尔？彼《决（诀）》中云：三部脉俱不至者，何也？答

云：以冷气结于匋（胸）中，故

98.令脉不通也。故知此法决久病也。寸为上部，主匋（胸）已（以）上至头之病。

99.关为中部，主胸已（以）下至齐（脐）之病。尺为下部，主齐（脐）以下至足之病。

100.但男子女人盛衰不等，老小虚实方治亦异。工临病者，量宜用之，

101.不得一椠（概）。脉案（按）之无，举有余，又如案（按）苁（葱）叶状，名曰浮，为阳也。

102.寸脉浮，中风、发热、头痛，宜服桂枝汤、葛根汤、摩风膏，复令微似

103.汗出^[8]。针风府、天柱，灸大杼。风府在项后两筋间，入发际一寸。

104.天柱在项后大筋外，近发际宛宛中。大杼在背第一柏（椎）下两旁，

105.各一寸半是。桂枝汤方主热盛，桂心三两去皮秤，白勺（芍）药三两生布拭去土，生姜

106.五两去皮长切，甘草二两忌无（芜）夷（荑），去^[9]生用，大^[10]肥者廿枚完用，五物，以水七升，臭（煮）取三升，

107.去滓，分三服。若一服得微似汗者，余不须服。服汤三服俱尽，如一食

108.顷不似汗者，吸歌（啜）希（稀）热白粥一椀（碗），动令微汗。汗竟，满七日，禁生冷

109.一切杂食。葛根汤方主寒热，生葛根三两去皮，黄芩二两生布拭去土。白勺（芍）

【校释】

[6]关者，阴阳之畔界也:《脉经·卷一·分别三关境界脉候所主第三》曰："从鱼际至高骨（其骨自高），却行一寸，其中名曰寸口。从

寸至尺，名曰尺泽。故曰尺寸。寸后尺前，名曰关。阳出阴入，以关为界。阳出三分，阴入三分，故曰三阴三阳。阳生于尺动于寸，阴生于寸动于尺。"《备急千金要方·卷二十八脉法·平脉大法第一》曰："寸后尺前名曰关，阳出阴入以关为界，如天地人为三界，寸主射上焦头及皮毛，竟手上部。关主射中焦腹及腰中部。尺主射下焦小腹至足下部。此为三部法，象三才天地人，头腹足为三元也。"当是。

[7]阴：据上下文"阴"后补一"脉"字。

[8]寸脉浮，中风、发热……复令微似汗出：《脉经·卷二·平三关病候并治宜第三》《备急千金要方·卷二十八脉法·三关主对法第六》均为"寸口脉浮，中风、发热、头痛，宜服桂枝汤、葛根汤，针风池、风府，向火灸身，摩治风膏，覆令汗出"。文本行文次序不同。其次文本为"微似汗出"，而《脉经》《备急千金要方》为"汗出"。

[9]去：原卷脱，据上下文"去"后补一"皮"字。

[10]大：原卷模糊，据上下文"大"后补一"枣"字。

【原文】

P.3287第110～136，见图4-2-10第3～29行。

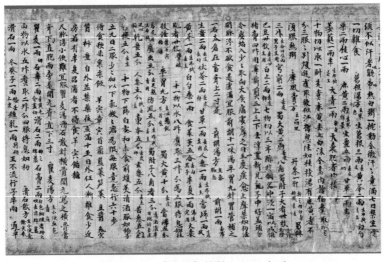

图4-2-10 《脉经》摘抄 P.3287（4）

【录文】

110. 药二两，桂心一两，麻黄二两去节，绵裹（裹），生姜五两去皮切，甘草一两半

111. 蒌蕤一两半生布拭去土，天青一两炙香，大枣肥者廿枚[11]

112. 十物切以水一斗，先煑（煮）麻黄，去上白沫令尽，纳诸物煮取[12]

113. 分三服。服别煖（暖）进，覆取微似汗。将息法如桂枝汤。有麻黄者不

114. 须服热粥。摩风膏方主一切风，丹参一斤折之内（纳）白者好拭去土，蜀椒

115. 三升去合口及内黑子，生用穿（芎）藭二两去皮，蜀大黄二两去皮，八角蜀附子大者卅枚去皮生用。

116. 巴豆卅枚去皮心生用，白止（芷）二两去皮秤，七物切以三年酢（醋）于铜器中浸一宿，以成消

117. 猪膏四升，用苇薪煎三上三下，去滓，置新瓦瓮子中。好盖头，勿

118. 令尘（尘）焓[13]入。少少取，向火，灸痛处摩之，日一度。疾愈，止摩，禁如初法。

119. 关脉浮，不欲食，是虚满。宜服前胡十一味汤、平胃丸，针胃管补之。

120. 一名太仓，在当齐（脐）上二寸是。前胡汤方主气胀急，前胡一两去蒂

121. 生薑（姜）二两去皮，长切，伏（茯）苓二两去皮秤，甘草一两去皮生用，人参一两生布拭去土　当归一两生布拭[14]

122. 黄芩一两生布拭去土，白勺（芍）药一两，食茱萸五合去内黑子，半夏一两汤洗完用，大枣

123. 肥者甘枚擘破，十一物以水八升，煮取三升，分为三服，将息如桂

124. 枝法禁羊宍（肉），饴糖，平胃丸方主心悬饥不用食，蜀大黄十分去皮，当归五分

125. 马尾者生布拭，䗪虫五分去足熬香用，防风五分生布拭去土，蜀附子八角者三分清酒渍半日，炮坼，去皮

126. 及心称之，干姜五分，人参五分拭去土，藁（藁）本五分去皮秤，玄参五分去土，苦参五分去皮

127. 梗[15]五分去土，十一物，下筛白蜜和，未食前煖（暖）美清酒服，如梧子

128. 五丸，日二服。少少加，以下气微微溏为限。每服竟，急行六十步。

129. 得食粳米、粟米饭、羊肉、章（獐）肉、苜蓿、蓝菜、笋菜、豆酱、兔肉、

130. 酱（酱）、椒、䕬（姜），自外并禁。药后尽满十五日外，任人渐杂食，少近

131. 房。若有半夏、昌（菖）蒲者，不得食羊肉、饴糖。

132. 尺脉浮、小便难，宜服瞿麦汤、滑石散，针横骨、关元寫（泻）之。横骨，当

133. 脔（脐）直下，胞两旁是；关元，脔（脐）直下三寸。瞿麦汤方主小便血，色啬，痛

134. 瞿麦一两切，石苇二两去黄毛令尽切，滑石二两碎（碎）之绵裹，石膏二两白色细理者碎之，吹去末，绵裹

135. 四物以水五升，煮取二升，分四服，将息如初。滑石散方主小便竟余更来。

136. 滑石一两，冬葵子一两，捼去上皮，钟乳一两别研，王不流（留）行子半两，通草

【校释】

[11] 廿枚：据上下文"廿枚"后补"完用"二字。

[12] 煮取：据《备急千金要方·卷三妇人方中·中风第十二》"葛

根汤"宋本，"煮取"后补"三升"二字。

[13] 炱（tái）：《说文》："火部，炱：灰，炱煤也。从火台声。"《康熙字典·集韵》炱，同"炲"。"炲"，煤灰义。

[14] 拭：据上下文"拭"后补"去土"二字。

[15] 梗：原残，据上下文"梗"前补"桔"字。

【原文】

P.3287 第 137 ～ 149，见图 4-2-11 第 3 ～ 15 行。

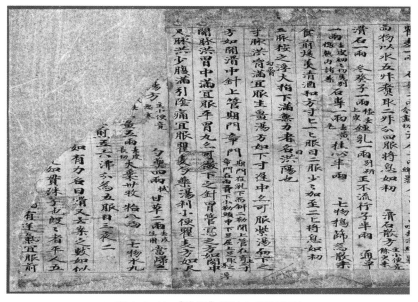

图 4-2-11 《脉经》摘抄 P.3287（5）

【录文】

137. 一两去皮细细切，先别捣熟纳诸药　石韦（苇）一两去黄毛，桂心半两，七物捣筛为散末

138. 食前煖（暖）美清酒，和方寸匕一匕服，日二服。少少加至二匕。将息如初。

139. 脉按之浮大，指下满无力者，名曰洪，阳也。

140. 寸脉洪，胸胁满，宜服生姜汤，方如下。寸迟，中亦可服紫汤而下之。

141. 方如关滑中，针上管、期门、章门。期门在乳下而斜二肋间。上管在脐上三寸。章门在两胁下小勒（肋）头，申（伸）下足、屈上足取之。

142. 关脉洪，胃中满。宜服平胃丸，亦可微下之，针胃管寫（泻）之。方如关浮中

143. 尺脉洪，少腹满引阴痛，宜服瞿麥（麦）勺藥（芍）药汤，利小便。瞿麦方如尺

144. 汤方主小便竟，恶寒，芍药四两拭，甘草二两去皮，生用，当归二

145. 姜五两去皮长切，大枣卅枚，饴八两，七物，水九

146. 煎五六沸，分为五服，日三夜二。

147. 如有力名曰滑。又云：案（按）之数，如似

148. 如贯珠子也。朗朗者，平人五

149. 有逆气，宜服前

四、《脉经》摘抄之四 P.3106

【提要】

《脉经》摘抄之四，见于 P.3106 所载第三部分，前后皆缺，仅存 17 行文字，上部部分文字缺失，下部文字全缺。无篇名及著者，内容涉及五脏死脉、至数死脉、四时死脉、杂病与鬼祟脉、五色死诊等，散见于《脉经》卷三、卷四、卷五等篇章。故定名为《脉经》摘抄之四。

【原文】

P.3106 第 1～11，见图 4-2-12 第 18～28 行。

图 4-2-12　《脉经》摘抄 P.3106（1）

【录文】

1. 平[1]，脉濡，濡弱

2. 肝欲死，脉急[2]

3. 欲病，脉如物浮之风吹手。肺（脉）[3]

4. 心平，肺（脉）累累如连珠循浪（琅）

5. 其中微曲。心欲死，脉前曲

6. 如循鸡羽。贤（肾）欲病，肺（脉）引

7. 索，如避弹石。脾平，脉和柔

8. 实如（而）盈数如鸡举足。脾欲

9. 屋漏。脉一息再至，平脉。一息

10. 困脉。一息六至，死脉。春脉浮

11. 而濡，冬脉强而沉，四

【校释】

［1］平：按上下文体例，"平"前应为"肝"。《黄帝内经太素·卷第十五诊候之二·五脏脉诊》曰："平肝脉来，濡弱招招，如揭长竿，曰

肝平，春以胃气为本；病肝脉来，盈实而滑，如循长竿，曰肝病；死肝脉来，急而益劲，如新张弦，曰肝死。"《素问·平人气象论》曰："平肝脉来，濡弱招招，如揭长竿末梢，曰肝平，春以胃气为本。病肝脉来，盈实而滑，如循长竿，曰肝病。死肝脉来，急益劲，如新张弓弦，曰肝死。"从"脉濡，濡弱"与《黄帝内经太素》更接近。疑为《黄帝内经》古传本。本句的文字可能为"肝平，脉濡，濡弱，如揭长竿"。

[2]肝欲死，脉急：根据上条文献内容和文例，本句文字可能为"肝欲死，脉急，益劲，如新张弓弦"。

[3]欲病，脉如物浮之风吹手，肺：《黄帝内经太素·卷第十五诊候之二·五脏脉诊》曰："平肺脉来，厌厌聂聂，如落榆荚，曰肺平，秋以胃气为本；病肺脉来，不下不上，如循鸡羽，曰肺病；死肺脉来，如物之浮，如风之吹毛，曰肺死。"《素问·平人气象论》曰："平肺脉来，厌厌聂聂，如落榆荚，曰肺平。秋以胃气为本。病肺脉来，不上不下，如循鸡羽，曰肺病。死肺脉来，如物之浮，如风吹毛，曰肺死。"本句文字可能为"肺欲死，脉如物浮之，如风吹毛；肺欲病，不上不下，如循鸡羽"。以下类推，不一一注释。

【原文】

P.3106第12～17，见图4-2-13第3～8行。

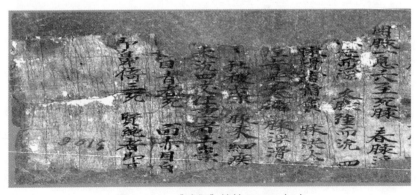

图4-2-13 《脉经》摘抄 P.3106（2）

【录文】

12.脉滑者憎食，脉洪大

13.强者是寒澼。脉浮滑

14.社稷祟。脉来细疾

15.来沉四支（肢），任重者土祟

16.目青者死，面赤目白

17.即鼻倚，三死，贤（肾）绝者即

五、《脉经·平三关阴阳二十四气脉》S.6245V+S.9431+S.9443V+S.8289V 缀合

【提要】

本卷遵从王淑民先生，将 S.6245V、S.9431、S.9443V、S.8289V 缀为一体，其中第 35～40 行为 S.6245V 后 6 行，第 41～45 行为 S.9431，第 46～50 行为 S.9443V，第 51～55 行为 S.8289V 前 6 行。分别有 4 张图片各个对应文字部分，再给出缀合本两张图片，首尾不全部分参考前 4 张图片。该卷首尾均残，原篇缺标题及撰人姓名，内容基本与《脉经·卷二·平三关阴阳二十四气脉第一》相同，故定名为《脉经·卷二·平三关阴阳二十四气脉》。该卷不出校注，可参考《平脉略例》。

【原文】

S.6245V、S.9431、S.9443V、S.8289V 缀合，其中 35～40 行为 S.6245V 后 6 行。S.6245V 后 6 行，见图 4-2-14 第 7-12 行。

S.6245V、S.9431、S.9443V、S.8289V 缀合第 41～45 行为 S.9431。S.9431 见图 4-2-15 第 1～5 行。

S.6245V、S.9431、S.9443V、S.8289V 缀合第 45～50 行为 S.9443V。S.9443V 见图 4-2-16 第 1～6 行。

S.6245V、S.9431、S.9443V、S.8289V 缀合第 51～56 行为 S.8289V 前六行。S.8289V 前 6 行，见图 4-2-17 第 1～6 行。

S.6245V+S.9431+S.9443V+S.8289V 缀合（1），见图 4-2-18。

S.6245V+S.9431+S.9443V+S.8289V 缀合（2），见图 4-2-19。

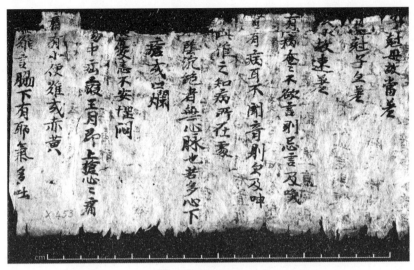

图 4-2-14　S.6245

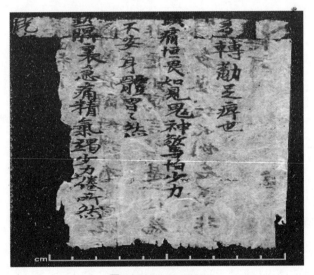

图 4-2-15　S.9431

图 4-2-16　S.9443V

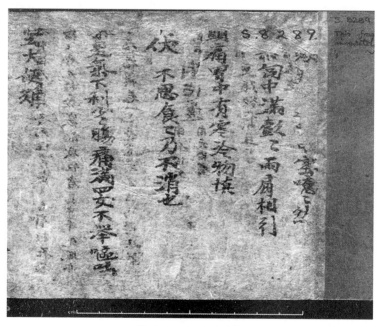

图 4-2-17　S.8289V

图 4-2-18　S.6245V+S.9431+S.9443V+S.8289V 缀合（1）

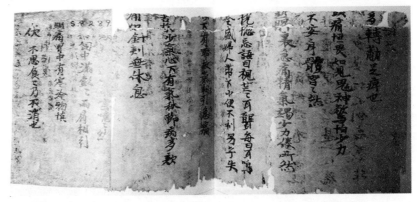

图 4-2-19　S.6245V+S.9431+S.9443V+S.8289V 缀合（2）

【录文】

35. 阴沉绝者，无心脉也。苦多心下

36. 疮或口烂。

37. 忧恚不安，恼闷。

38. 中疝瘕，王月即上抢心，心痛。

39. 有小便难，或赤黄。

40. 难言，胁下有耶（邪）气，多吐

41. 多转筋，足痹也。

42. 头痛，恒畏如见鬼神，惊怕少力。

43. 不安，身体习习然。

44. 热脾（痹），里急痛，精气竭少，力倦所然。

45. 恍惚忘语，目视芒芒（茫茫），耳聋，每日耳鸣。

46. 冷盛，妇人带下，小便不利，男子失

47. 下有耶（邪），故气相引急痛。

48. 苦惊少气，心下有气，秋节病多咳

49. 痛如针剌（刺）无休息

50. 更呕逆，喉中，中塞，噎噎然。

51. 匈（胸）中满彭彭，两肩相引。

52. 头痛，胃中有寒，冷物慎。

53. 伏伏（愊愊），不思食，食乃不消也。

54. 气，下利，少少肠（腹）痛满，四支（肢）不举，呕吐。

55. 坚，大便难。

第五章 《针灸甲乙经》诊法选抄

第一节 《针灸甲乙经·病形脉诊》选抄 P.3481+S.10527

【提要】

《针灸甲乙经·病形脉诊》选抄，见 P.3481。主要论述了缓、急、大、小、滑、涩六种脉象的"微"与"甚"所主五脏疾病的各种表现。仅存心脉全文与肺脉主病、主证大部分文字，肝、脾、肾脉相关文字残缺。其内容虽可见于《灵枢经·邪气脏腑病形》，但文字表述与《针灸甲乙经·病形脉诊》相似度更高，故将其定名为《针灸甲乙经·病形脉诊》。

【原文】

P.3481 第 1～13，见图 5-1-1 第 23～35 行。

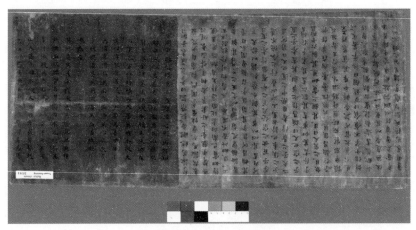

图 5-1-1 《针灸甲乙经·病形脉诊》P.3481

【录文】

1.问曰：脉之缓、急、小、大、滑、濇之形病[1]何如？

2.对曰：心脉急甚者为瘛[2]，微急为心痛引

3.背，食不下。缓甚为狂笑（笑），微缓为伏梁在

4.心下，上下行，时唾血。大甚为喉介[3]。微大

5.为心痹[4]引背，善淚（泪）出，小甚为善哕。微小

6.为消瘅。滑甚为善渴。微滑为心疝引齐（脐）。

7.少腹鸣。濇[5]甚为厥[6]。微涩为血溢，维厥[7]，耳

8.鸣，癫疾。

9.肺脉急甚为癫疾。微急为肺寒热，怠惰，

10.咳唾血引腰[8]胸，苦鼻瘜[9]肉不通。缓甚为

11.多汗。微缓为委（痿）、漏风[10]，以[11]下汗出不可

12.止。大甚为肿胫[12]。微大为肺痹引胸背，起

13.恶血，小甚为泄，微小为消瘅。滑甚为息

【校释】

［1］形病：《黄帝内经太素·卷第十五诊候之二·五脏脉诊》《针灸甲乙经·卷四·病形脉诊第二（下）》《灵枢经·邪气脏腑病形第四》均作“病形”。

［2］瘛：《针灸甲乙经·卷四·病形脉诊第二（下）》《脉经·卷三·心小肠部第二》《备急千金要方·卷十三心脏方·心脏脉论第一》作“瘛”；《灵枢经·邪气脏腑病形第四》“瘛疭”，《黄帝内经太素·卷第十五诊候之二·五脏脉诊》作“瘲”。瘲，《说文》曰：“小儿瘛疭病也。从疒，怒声。”意为手足痉挛。

［3］介：《脉经·卷三·心小肠部第二》同文本，《黄帝内经太素·卷第十五诊候之二·五脏脉诊》《灵枢经·邪气脏腑病形第四》作“吤”，《针灸甲乙经·卷四·病形脉诊第二（下）》作“吤吤”。吤，杨上善注释为“心脉至气甚，气上冲于喉咽，故使喉中吤吤而鸣也。吤，古介反”。

　　［4］痹:《中藏经·卷上》"论心脏虚实寒热生死逆顺脉证之法第二十四"作"痛"。痹,杨上善注释"心脉微盛,发风湿之气,冲心为痹痛,痛后引背输及引目系,故喜泪出也"。

　　［5］濇:同"涩"。《说文》曰:"不滑也。从水嗇声。"下同。

　　［6］瘖:《黄帝内经太素》《灵枢经》作"瘖";《中藏经》《脉经》《针灸甲乙经》《备急千金要方》作"喑"。"瘖"同"喑"。瘖,《说文》曰:"不能言也。从疒音声。"当以《黄帝内经太素》《灵枢经》为是。涩甚为瘖,杨上善注曰:"涩,阴也。涩者,血多气少。心主于舌,心脉血盛上冲于舌,故瘖不能言也。"

　　［7］微涩为血溢,维厥:杨上善注曰:"微涩,血微盛也。血微盛者,溢于鼻口而出,故曰血溢。维厥,血盛阳维脉厥也。"维厥,《中藏经》作"手足厥"。

　　［8］腰:据《黄帝内经太素》《针灸甲乙经》《备急千金要方》"腰"下补一"背"字。

　　［9］瘜:《黄帝内经太素》作"宿"。从构字结构上看,说明呼吸出问题了。

　　［10］漏风:《灵枢经》《针灸甲乙经》《脉经》作"瘘偏风"。《黄帝内经太素》《备急千金要方》作"漏风"。《普济方》作"瘘瘘风"。考,从以上注解条文看,与《黄帝内经太素》吻合度较高。

　　［11］以:据《脉经》《黄帝内经太素》《针灸甲乙经》《备急千金要方》"以"前补"头"一字。

　　［12］大甚为肿胻:大甚为胻肿,杨上善注曰:"肺气甚,故曰肺大甚也。肺脉手太阴与足太阴相通,足太阴行胻,故肺气热甚,上实下虚,故为胻肿也。"《脉经》《黄帝内经太素》《针灸甲乙经》《备急千金要方》均作"胻肿"。

【原文】

S.10527 为《针灸甲乙经·病形脉诊》选抄第 13 行，见图 5-1-2 第 1 行。

【录文】

贲上气，微滑为上下出血[13]

【校释】

[13] 微滑为上下出血：据《针灸甲乙经·卷四·病形脉诊第二（下）》此处文字为"滑甚，为息贲上气；微滑，为上下出血。涩甚为呕血，微涩为鼠（一作漏），在颈支腋之间，下不胜其上，甚能善酸"，当是。

图 5-1-2 《针灸甲乙经·病形脉诊》S.10527

第二节 《针灸甲乙经·卷六》选抄 Дx02683+Дx11074 缀合

【提要】

《针灸甲乙经·卷六》选抄，见于 Дx02683+Дx11074 缀合。Дx02683 大部分内容与《针灸甲乙经·卷六·阴阳大论第七》结尾文字相似，Дx11074 内容与《针灸甲乙经·卷六·正邪袭内生梦大论第八》开篇文字相似。故定名为《针灸甲乙经·卷六》选抄。需要说明的是，Дx02683 前下贴有一残片，内容为《针灸甲乙经·卷六·正邪袭内生梦大论》结尾文字，可能系原整理者发现其笔迹相似，故进行缀合，但所缀位置有误所致。

【原文】

Дx02683+Дx11074 缀合第 1～2 行，见图 5-2-1 第 1～2 行下部。

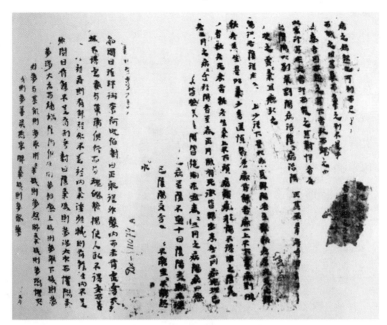

图 5-2-1 《针灸甲乙经·卷六》选抄 Дx02683+Дx11074 缀合

【录文】

1. 深池（地）宛（苑）中[1]，客于[2]

2. 者[3]，至而补之立已。

【校释】

[1] 深池（地）宛（苑）中：原卷残缺，据《针灸甲乙经·卷六·正邪袭内生梦大论第八》《备急千金要方·卷一绪论·论诊候第四》《类经·十八卷·疾病类》之"八十五梦寐"、《灵枢经·淫邪发梦第四十三》补"客于胻，则梦行走而不能前，及居"十三字，《针灸甲乙经》无"胻"字，《备急千金要方》为"客于胯"。据《甲乙经》本、《灵枢经》可知残文为"及居深地苑中"，当是。宛，《说文》："宛，窘也。"

[2] 客于：据《针灸甲乙经·卷六·正邪袭内生梦大论第八》曰："客于股肱，则梦礼节拜跪。客于胞膪，则梦溲便利。"《备急千金要方·卷一绪论·论诊候第四》曰："客于股，则梦见礼节拜跪；客于胞，

则梦见溲溺便利。"《类经·十八卷·疾病类》之"八十五梦寐"曰"客于股肱，则梦礼节拜起；客于胞，则梦泄便。"《灵枢经·淫邪发梦第四十三》曰："客于股肱，则梦礼节拜起；客于胞膪，则梦溲便。"各个版本表达不一，但基本内容大同小异。

　　［3］者：据《针灸甲乙经·卷六·正邪袭内生梦大论第八》《备急千金要方·卷一绪论·论诊候第四》《类经·十八卷·疾病类》之"八十五梦寐"、《灵枢经·淫邪发梦第四十三》"者"前补"凡此十五不足"六字，当是。

　　按语　Дх02683 前下贴有一残片，内容为《针灸甲乙经·卷六·正邪袭内生梦大论第八》结尾文字，可能系原整理者发现其笔迹相似，故进行缀合，但所缀位置有误所致。

【原文】

《针灸甲乙经·卷六》选抄 Дх02683+Дх11074 缀合第 1 ～ 14 行，见图 5-2-1 第 1 ～ 14 行。

【录文】

1. 病之始起也，可刺而已[1]。

2. 而减[2]之，曰（因）其衰而章（彰）之。刑（形）不足[3]，

3. 高者，曰（因）而越之；其下者，引而竭之[4]；筋

4. 以为汁[5]；其在皮者，汗而发之；其票寸（慓）悍者[6]，

5. 其阴阳，以别朵劀[7]。阳病治阴，阴病治阳。正其血气，各守其[8]

6. 决之[9]，虚气宜癍引之[10]。

7. 阳右，阴从左[11]，上[12]，少从下，是以春夏归阳为生，归秋冬为死；反之，归

8. 秋冬为生。是以气少多逆顺皆为厥[13]。有余者厥。一[14]上不下，寒厥到膝。

9. 者[15]秋冬死，老者秋冬生。气上不下，头痛颠（巅）疾，求阳

不得，求之阴矣[16]。

10.冬三月之病，病合于阳者，至春正月，脉（脈）有死征，皆归出表[17]。冬三月，病在理（里）已[18]。

11.皆[19]煞（杀），阳[20]皆绝，期在孟春，春三月之病，阳病曰煞（杀）

12.病[21]，至阴不过十日，阴阳交，期在溓[22]

13.已[23]，阴阳交合不能坐[24]，坐不能起[25]。

14.水[26]。

【校释】

[1]而已：据《黄帝内经太素·卷第三阴阳》之"阴阳大论"、《针灸甲乙经·卷六》之"阴阳大论第七"、《素问·阴阳应象大论》在"而已"后补"其盛，可待衰而已。故因其轻而扬之，因其重"十七字。当是。

[2]减：减，《针灸甲乙经·卷六》之"阴阳大论第七"作"下者"。《黄帝内经太素·卷第三阴阳》之"阴阳大论"、《素问·阴阳应象大论》均作"减"，当是。

[3]不足：据《黄帝内经太素·卷第三阴阳》之"阴阳大论"、《素问·阴阳应象大论》"不足"后补"者，温之以气；精不足者，补之以味。其"十四字。《针灸甲乙经·卷六》之"阴阳大论第七"无此文字。

[4]竭之：据《针灸甲乙经·卷六》之"阴阳大论第七""竭之"后补"中满者，泻之于内；其有形者，渍形"十三字。"其有形者，渍形以为汗"《黄帝内经太素·卷第三阴阳》之"阴阳大论"作"其有邪者，清以为汗"。杨上善注释曰："清，冷也。邪，肠胃寒热病气也。或入脏腑，或在皮毛，皆用针药以调汗而出之也。"《类经·十二卷·论治类》之"邪风之至治之宜早诸变不同治法亦异"注释"其有邪者，渍形以为汗"曰："邪在肌表，故当渍形以为汗。渍，浸也，言令其汗出如渍也。如许胤宗用黄防风汤数十斛置于床下以蒸汗，张苗烧地加桃叶于上以蒸汗，或用药煎汤浴洗之，皆渍形之法也。渍，资四切。"故以《针

灸甲乙经》文字为是，"形"改为"邪"字。

[5]汁：据《黄帝内经太素·卷第三阴阳》之"阴阳大论"、《针灸甲乙经·卷六》之"阴阳大论第七"、《素问·阴阳应象大论》"汁"改为"汗"，疑抄写者笔误。

[6]悍者：《黄帝内经太素·卷第三阴阳》之"阴阳大论"之"悍者"后为"按而投之，其实者，散而泻之。审"，《针灸甲乙经·卷六》之"阴阳大论第七"、《素问·阴阳应象大论》之"悍者"后为"按而收之；其实者，散而泻之。审"，当是。

[7]以别朵剽：据《黄帝内经太素·卷第三阴阳》之"阴阳大论"、《针灸甲乙经·卷六》之"阴阳大论第七"，"以别朵剽"改为"以别柔刚"，当是。"朵"，"柔"之形讹。

[8]其：据《黄帝内经太素·卷第三阴阳》之"阴阳大论"、《针灸甲乙经·卷六》之"阴阳大论第七"，"其"后补"乡"字，当是。

[9]决之：据《黄帝内经太素·卷第三阴阳》之"阴阳大论"、《针灸甲乙经·卷六》之"阴阳大论第七"，"决之"前补"血实宜"三字，当是。

[10]虚气宜瘛引之：《黄帝内经太素·卷第三阴阳》之"阴阳大论"作"气虚宜□引之"，《针灸甲乙经·卷六》之"阴阳大论第七"作"气实宜掣之引之"。《类经·十二卷·论治类》之"邪风之至治之宜早诸变不同治法亦异"注释："气虚者，无气之渐，无气则死矣，故当挽回其气而引之使复也。如上气虚者升而举之，下气虚者纳而归之，中气虚者温而补之，是皆掣引之义。"故改为"气虚宜掣引之"，当是。

[11]阳右，阴从左：据《针灸甲乙经·卷六》之"阴阳大论第七"当为"阳从右，阴从左"。"右"之前缺一"从"字，《素问·阴阳应象大论》作"阳从左，阴从右"。两者矛盾，但提示抄经来源于《针灸甲乙经》可能性较大。

[12]上：据《针灸甲乙经·卷六》之"阴阳大论第七"、《素问·方盛衰论》曰："老从上，少从下。""上"前补"老从"二字。根据

上条和本条校释,以及抄写经文的习惯和惯例,此段条文来源于《针灸甲乙经》可能极大。

[13]是以气少多逆顺皆为厥:《针灸甲乙经·卷六》之"阴阳大论第七"此处条文为"是以气之多少逆顺,皆为厥";《素问·方盛衰论》为"是以气多少,逆皆为厥"。《针灸甲乙经》的文字与抄本文字吻合度更高,以上三条大致可以断定,此段条文来源于《针灸甲乙经》当时的版本。

[14]一:《针灸甲乙经·卷六》之"阴阳大论第七""一"作"血",当是。

[15]者:据《针灸甲乙经·卷六》之"阴阳大论第七"、《素问·方盛衰论》,"者"前补一"少"字。当是。

[16]求之阴矣:与《针灸甲乙经·卷六》之"阴阳大论第七"吻合。《素问·方盛衰论》作"求阴不审"。

[17]出表:《针灸甲乙经·卷六》之"阴阳大论第七""出表"作"于春";《黄帝内经太素·卷第十六诊候之三》之"脉论"、《素问·阴阳类论》"出表"作"出春"。杨上善解释道:"冬,阴也。时有病,有阳气来乘,至正月少阳王时,阴气将尽,故脉有死征,其死冬三月,病皆归出春,春时出王万物,故曰出春也。"

[18]冬三月,病在里已:考,《黄帝内经太素·卷第十六诊候之三》之"脉论"与之完全吻合。《针灸甲乙经·卷六》之"阴阳大论第七"无此文字,但有"春三月之病,在理已尽",文字在前,不合。此处文字似出自《黄帝内经太素》。

[19]皆:据《黄帝内经太素·卷第十六诊候之三》《素问·阴阳类论》,"皆"前补"尽,草与柳叶"五字,当是。

[20]阳:据《黄帝内经太素·卷第十六诊候之三》之"脉论"、《针灸甲乙经·卷六》之"阴阳大论第七","阳"前均为"阴",但《针灸甲乙经》以"春三月"开头,后面有相关文字。以《黄帝内经太素》为是。

［21］病:《黄帝内经太素·卷第十六诊候之三》之"脉论"、《针灸甲乙经·卷六》之"阴阳大论第七""病"之前均为"阴阳皆绝,期在干草。夏三月之病"十三字。考,《针灸甲乙经》此处文字前后与抄本多有出入,以《黄帝内经太素》为是,疑此处文字出自《黄帝内经太素》。

［22］濂:《黄帝内经太素·卷第十六诊候之三》之"脉论"、《素问·阴阳类论》均为"溓",《针灸甲乙经·卷六》之"阴阳大论第七"缺此字。杨上善解释"夏三月之病,病至阴,不过十日,阴阳交,期在溓水"为"夏,阳也。至阴,脾也。夏阳脾病为阳所扰,故不过脾之成数十日而死。若阴阳交击,期在溓水,廉检反,水静也。七月,水生时之也",当是。

［23］已:《黄帝内经太素·卷第十六诊候之三》之"脉论"、《针灸甲乙经·卷六》之"阴阳大论第七"、《素问·阴阳类论》"已"前均有"水。秋三月之病,三阳俱起,不治自"十三字,当是。

［24］阴阳交合不能坐:《黄帝内经太素·卷第十六诊候之三》之"脉论"为"阴阳交合者立,立不能坐,坐不得起",《针灸甲乙经·卷六》之"阴阳大论第七"、《素问·阴阳类论》均为"阴阳交合者,立不能坐,坐不能起"。《黄帝内经太素》较《针灸甲乙经》《素问》之"者"多一"立"字。以文中"坐"描述体例,因以《黄帝内经太素》为是。

［25］坐不能起:《针灸甲乙经·卷六》之"阴阳大论第七"、《素问·阴阳类论》均为"三阳独至,期在石水,二阴独至,期在盛水",《黄帝内经太素·卷第十六诊候之三》之"脉论"多"也"字。以《黄帝内经太素》为是。

［26］秋三月,三阳俱起……期在盛水:杨上善解释为"三阳,太阳、阳明、少阳也。秋三月病,诊得三阳之脉同时而起,是阳向衰,少阴虽病,不疗自已。若阴阳交争,一上下,故立不能坐,坐不能起也。若三阳之脉各别独至者,阳不胜阴,故至十月水冻时死也。寒甚水冻如

石，故曰石水也。二阴，少阴也。少阴独至，则阴不胜阳，故至春月水解，水盛时死之也"。

【原文】

Дx02683+Дx11074 缀合第 15 ～ 22 行，见图 5-2-1 第 15 ～ 22 行。

【录文】

15. 梦

16. 帝[1]问曰：淫[2]泮衍奈何？岐伯对曰：正邪从外袭内而未有定舍，

17. 藏[3]，不得定处，与荣卫俱行，而与魂魄飞扬，使人卧不得安而善[4]。

18. 于[5]府，则有[6]余于外，不足于内，气淫于脏，则有余于内，不足

19. 外[7]。问曰：有余不足有刑（形）乎？对曰：气[8]盛则梦[9]大水而惧[10]，阳气

20. 梦[11]涉大火而燔焫[12]，阴阳[13]，则梦相煞（杀）[14]。上盛则梦飞，下盛则梦[15]

21. 则梦与，甚饥则[16]梦取。肝气盛则梦怒，肺气盛则梦恐惧[17]哭

22. 则[18]梦善咲（笑）、恐畏。脾气盛则梦歌乐，

【校释】

［1］帝：据《针灸甲乙经·卷六》之"正邪袭内生梦大论第八"、《备急千金要方·卷一诸论》之"论诊候第四""帝"前补一"黄"字。

［2］淫：据《针灸甲乙经·卷六》之"正邪袭内生梦大论第八"、《备急千金要方·卷一诸论》之"论诊候第四"、《灵枢经·淫邪发梦第四十三》"淫"后补一"邪"字。《灵枢经·淫邪发梦第四十三》较《针灸甲乙经》《备急千金要方》，"淫"前多"愿闻"二字。

［3］藏："藏"，《针灸甲乙经·卷六》之"正邪袭内生梦大论第八"、《备急千金要方·卷一诸论》之"论诊候第四"、《灵枢经·淫邪发梦第四十三》均作"脏"。"藏"前均缺三字。《针灸甲乙经》《灵枢

经》均作"反淫于"三字，《备急千金要方》作"及淫于"三字。前两条经文源于《针灸甲乙经》可能性更大，所以"藏"前应以"反淫于"为是。

〔4〕善：据《针灸甲乙经·卷六》之"正邪袭内生梦大论第八"、《备急千金要方·卷一诸论》之"论诊候第四"、《灵枢经·淫邪发梦第四十三》"善"改作"喜"字，疑字形近而误。据以上三个版本"善"后补一"梦"字。《备急千金要方》作"梦也"。

〔5〕于：《针灸甲乙经·卷六》之"正邪袭内生梦大论第八"、《备急千金要方·卷一诸论》之"论诊候第四"均作"凡气淫于腑"。《灵枢经·淫邪发梦第四十三》无"凡"字。故"于"前补"凡气淫"三字

〔6〕有：《针灸甲乙经·卷六》之"正邪袭内生梦大论第八""有"前有"梦"一字。《备急千金要方·卷一诸论》《灵枢经·淫邪发梦第四十三》文字与抄本同。

〔7〕外：《针灸甲乙经·卷六》之"正邪袭内生梦大论第八"、《备急千金要方·卷一诸论》之"论诊候第四"、《灵枢经·淫邪发梦第四十三》"外"前补"于"一字

〔8〕气：据《黄帝内经太素·卷十四诊候之一》之"四时脉诊"、《针灸甲乙经·卷六》之"正邪袭内生梦大论第八"、《备急千金要方·卷一诸论》之"论诊候第四"、《灵枢经·淫邪发梦第四十三》"气"前补"阴"字。

〔9〕梦：据《黄帝内经太素·卷十四诊候之一》之"四时脉诊"、《针灸甲乙经·卷六》之"正邪袭内生梦大论第八"、《备急千金要方·卷一诸论》之"论诊候第四"、《灵枢经·淫邪发梦第四十三》"梦"后补"涉"一字。

〔10〕惧：据《黄帝内经太素·卷十四诊候之一》之"四时脉诊"、《针灸甲乙经·卷六》之"正邪袭内生梦大论第八"、《备急千金要方·卷一诸论》之"论诊候第四"、《灵枢经·淫邪发梦第四十三》"惧"前补"恐"一字。

［11］梦：《黄帝内经太素·卷十四诊候之一》之"四时脉诊"、《针灸甲乙经·卷六》之"正邪袭内生梦大论第八"、《备急千金要方·卷一诸论》之"论诊候第四"、《灵枢经·淫邪发梦第四十三》"梦"前补"盛则"二字。

［12］燔焫：《黄帝内经太素·卷十四诊候之一》之"四时脉诊"、《备急千金要方·卷一诸论》之"论诊候第四"均作"燔灼"。

［13］阴阳：据《黄帝内经太素·卷十四诊候之一》之"四时脉诊"、《针灸甲乙经·卷六》之"正邪袭内生梦大论第八"、《备急千金要方·卷一诸论》之"论诊候第四"、《灵枢经·淫邪发梦第四十三》"阴阳"后补"俱盛"二字。

［14］相（煞）杀：据《黄帝内经太素·卷十四诊候之一》之"四时脉诊"、《针灸甲乙经·卷六》之"正邪袭内生梦大论第八"、《备急千金要方·卷一诸论》之"论诊候第四""相杀"后均有"毁伤"二字。《灵枢经·淫邪发梦第四十三》同抄本。

［15］梦：据《黄帝内经太素·卷十四诊候之一》之"四时脉诊"、《备急千金要方·卷一诸论》之"论诊候第四"均作"梦堕坠"。《针灸甲乙经·卷六》之"正邪袭内生梦大论第八"、《灵枢经·淫邪发梦第四十三》均作"梦堕"。

［16］则：据《黄帝内经太素·卷十四诊候之一》之"四时脉诊"、《备急千金要方·卷一诸论》之"论诊候第四"、《针灸甲乙经·卷六》之"正邪袭内生梦大论第八"、《灵枢经·淫邪发梦第四十三》"则"前补"甚饱"二字。考，下文之"则梦与"与《备急千金要方》文字同，另三个版本则为"则梦予"，故疑此处经文来自《备急千金要方》。

［17］恐惧：《备急千金要方·卷一诸论》之"论诊候第四"为"肺气盛则梦恐惧、哭泣"与条文吻合度较高。《针灸甲乙经·卷六》之"正邪袭内生梦大论第八"为"肺气盛则梦哭泣，恐惧飞扬"。《灵枢经·淫邪发梦第四十三》为"肺气盛，则梦恐惧、哭泣、飞扬"。有上条进一步证明经文源于《备急千金要方》可能性较大。

　　［18］则：据《备急千金要方·卷一诸论》之"论诊候第四""则"前补"泣。心气盛"四字。《灵枢经·淫邪发梦第四十三》"则"前补"心气盛"三字。后面文字"脾气盛则梦歌乐"与《备急千金要方》文本吻合，故推测此段条文抄自《备急千金要方》，当是。

第六章 《王叔和脉诀》选抄

第一节 《七表八里三部脉》P.3655

【提要】

《七表八里三部脉》见 P.3655 卷子的第二种内容（第 44 ~ 64 行文字）。原卷无书题，无撰者姓名，以七言歌诀形式写成的脉学著作，其内容有三部分：第一，七表脉，本部分论述了反映表病的七种脉象，即浮、芤、滑、实、紧、洪、弦，见于寸、关、尺时各自主病与症状。第二，八里脉，本部分标题虽曰"八"，但实际论述了反映里病的九种脉象，即迟、缓、微、软、沉、弱、细、伏、涩，见于寸、关、尺时各自主病与症状。第三，三部脉，本部分论述了洪、弦、缓、沉、浮五种脉象在寸、关、尺俱见时的主病与症状。故定名为《七表八里三部脉》。内容与今本高阳生撰的《王叔和脉诀》相似并有所不同，疑是敦煌当地医家对《王叔和脉诀》相应部分的抄录改编。

【原文】

P.3655 第 44 ~ 53，见图 6-1-1 第 3 ~ 12 行。

【录文】

44. 七表：脉[1] 浮中风头热痛，关浮腹满胃虚空。

45. 尺部得之风入肺，大便干涩固[2] 难通。寸芤积血在胸中，关内逢芤腹[3] 内痛，尺部见之虚在肾，

46. 小便稠浊[4] 血凝脓。滑脉寸中胸满逆，关滑脾寒[5] 不消食，尺部得之脐似冰，饮水下焦声沥沥[6]。

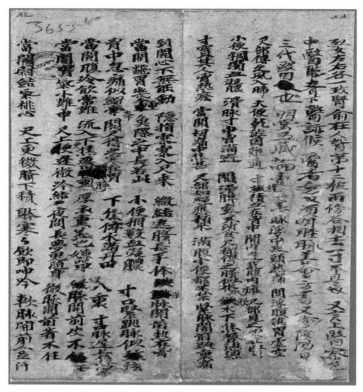

图 6-1-1 《七表八里三部脉》P.3655（1）

47. 寸实其人胸热瘕，当关切痛中焦甚，尺部如绳应指来，满腹小便都不禁[7]。紧脉关前头里痛，

48. 到关心下无能动，隐指寥寥入尺来[8]，缴结绕脐长手捧。洪脉关前热在胸，

49. 当关翻胃几千重，鱼际之中长若此，小便稠数血凝脓[9]。寸口紧跳脉似弦，

50. 胸中急痛似绳牵，关尺得之寒在胃，下焦停水满丹田。八里：寸口脉迟上焦寒，

51. 当关腹冷饮常难，流入下焦腰膝重，厚衣重盖也嫌单。缓脉关前皮不任，

52. 当关胃气小难申（伸），尺上更逢微[10]冷结，夜间长梦鬼随身。微脉关前着不任，

53.当关郁结气排心，尺上更微脐下积，体寒寒饮即呻吟。软脉[11]关前人足汗，

【校释】

[1]脉:据《脉诀·论七表脉法》改为"寸"，据上下文例，更清晰明确。

[2]固:据《脉诀·论七表脉法》改为"故"。

[3]腹:据《脉诀·论七表脉法》改为"肠"。

[4]稠浊:《脉诀》亦作。《脉诀刊误·卷上·七表》曰:"诸家论芤皆为失血之诊，今曰邪风入小肠而淋沥，非其证也，盖是尿血之证矣。"当是。

[5]脾寒:《脉诀刊误·卷上·七表》曰:"前脾脏歌云，单滑脾家热。今云胃寒不下食，何也?《脉经》曰:关滑，胃中有热。又云:中实逆滑为热实，故不欲食，食即吐逆，可明为热。"

[6]尺部得之脐似冰，饮水下焦声沥沥:《脉诀刊误·卷上·七表》曰:"《脉经》曰:尺滑，下利，少气。《脉赋解义》云:男子尺滑，主膀胱冷气，小腹急胀，便旋利数。又云:尺滑，主胞络极冷，月经不调。直以滑脉为阴，主冷，不当。不若《脉经》所谓尺滑，血气实，妇人经脉不利，男子尿血为得。今《脉诀》云:脐似冰，则滑为阴证;又曰:饮水，则滑为阳热;又曰:沥沥作声，则滑为停水之证。既言冷又言热，不知何谓，今正之。"

[7]寸实其人胸热瘕……满腹小便都不禁:与《脉诀》大同小异，义近。"寸实其人胸热瘕"《脉诀》作"实脉关前胸热甚"。《脉诀刊误·卷上·七表》改为"实脉关前胸热甚，当关切痛中焦愇，尺部如绳应指来（当为下痢疼），腹胀小便都（淋）不禁（忍）。如绳，非实脉之比，乃紧脉也，故改之。《脉经》曰:尺实小腹痛，小便不禁。又云小便难，少腹牢痛。盖气来实强者，太过之脉，与淋沥相应。若云小便不禁，则膀胱不固，水泉不止，为下焦剧寒之证矣。《脉经》用当归汤加大黄，盖因热而用也。小便不禁，必传写之误，后云小便难者是也。洁古于此，

一用姜附，一用承气，为两可之辞，将以为寒乎？以为热乎？"

[8] 到关心下无能动，隐指寥寥入尺来：《脉诀》作"到关切痛无能动"。《脉诀刊误·卷上·七表》改"隐指寥寥"为"转索无常"。并曰："脉紧如转索，非隐指寥寥之状，缴结非痛之状，今改之。李氏曰阳脉至阴部，自然隐伏指下，寥寥入来。若在寸部，则不寂寥。以愚观之，脉随病而见，不随部而改。小腹痛必寒气固结，攻击于下焦，所以脉紧。安有因在尺部，而脉变形乎？"

[9] 鱼际之中长若此，小便稠数血凝脓：《脉诀》作"更向尺中还若是，小便赤涩脚酸疼"。

[10] 微：《脉诀·八里》作"癥"。

[11] 软脉：据《脉诀·八里》"濡脉关前人足汗"及《脉经·卷二·平三关病候并治宜第三》"寸口脉濡，阳气弱，自汗出，是虚损病"，"软脉"改为"濡脉"。

【原文】

P.3655 第 54 ～ 64，见图 6-1-2 第 1 ～ 11 行。

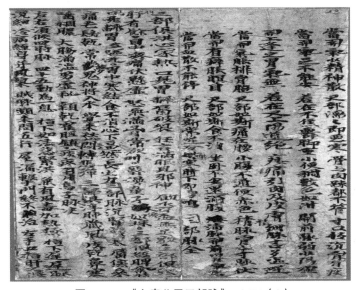

图 6-1-2 《七表八里三部脉》P.3655（2）

【录文】

54. 当关气少精神散，尺部濡濡即[12]恶寒，骨与肉踈（疏）都不管。寸口恒沉胸有痰，

55. 当关气足[13]不能安，若在不（下）焦腰脚重，小便稠数色如泔。关前脉弱少阳虚

56. 关上逢之胃气无，若在尺上阳道绝，瘘痛引肉及皮肤。细脉寸口多呕逆，

57. 当关气胀排胸臆，尺部如斯痛在腰，小腹不通便赤色。积脉胸中寸脉伏，

58. 当关有癖胀瞑目，尺部如斯食不消，坐卧不安[14]还满腹。涩脉关前胃气[15]，

59. 当关血散不能停，尺部如斯常逆冷，体寒脐下即雷鸣。三部脉全：

60. 三部俱洪心家热，口臭胃翻唇破裂[16]，狂言满眼见邪神，饮水百杯无足歇。三部俱弦

61. 肝有余，目中疼痛伏悬虚，怒气满胸常欲叫，翳漫童（瞳）子泪如珠。三部俱缓脾气积

62. 口臭翻胃多呕逆，胃中寒结食不消，心下逼（愊）然长火（少）力。三部脉沉[17]肾藏寒，唇焦枭（燥）

63. 痛毛发干，常梦鬼神将入水，觉来愁闷转悲弹。三部俱浮肺藏风，皮干鼻寒

64. 唾稠脓，大肠满涩男（难）虚秘，嗓干霍（喉）胫（颈）镇痰疼。

【校释】

[12] 濡濡即：据《脉诀·八里》改为"绵绵却"。

[13] 足：《脉诀·八里》作"短"。《脉诀刊误·卷上·八里》改为"痞"。并说："气短者，气不能相续，似喘而实非；气上冲，似呻吟而无痛，乃气急而短促也。今曰痛难堪，则非气短。《脉经》曰：关沉，心

下有冷气，苦满吞酸，则痛者气痞不通而痛也。"

[14] 坐卧不安：《脉诀刊误·卷上·八里》改为"瘕攻痛"。解释说："伏为积聚。有物为积，有营积，有卫积，有脏积，随所积而施治可也。今曰不动营家气不调，是先治营血而气自调也。必也治营积而见伏脉者方可，若夫气积及食物积、脏积，又当各治其本。且气为是动，血为所生者。"

[15] 气：据《脉诀》"气"后补一"并"字。

[16] 口臭胃翻唇破裂：《脉诀·脾脏歌》作"舌上生疮唇破裂"，承前句"三部俱数心家热"。疑涉下误抄，与《脉诀·脾脏歌》之"口臭胃翻长呕逆"相混抄。

[17] 沉：《脉诀·肾脏歌》作"迟"。

第二节　《青乌子脉诀》P.3655

【提要】

《青乌子脉诀》，见于 P.3655 卷子的第三种内容（第 64～79 行文字），无撰者姓名。《青乌子脉诀》是原卷本有的书题，其内容与传世本《王叔和脉诀》中的"左右手诊脉歌"相似，故沿用《青乌子脉诀》之名，但内容归类于《王叔和脉诀》。

青乌子，又名青衣乌公，传说中的古代堪舆家，或说黄帝时人，或说秦汉时人。《风俗通》曰："汉有青乌子，善数术。"《青乌子脉诀》是以七言歌诀形式写成的脉学著作，主要论述了左手心肝肾、右手肺脾命之生脉、死脉大法，文辞表述互有出入，疑是对《王叔和脉诀》的抄录改编。

【原文】

P.3655-8 第 64～66，见图 6-2-1 第 11～13 行。

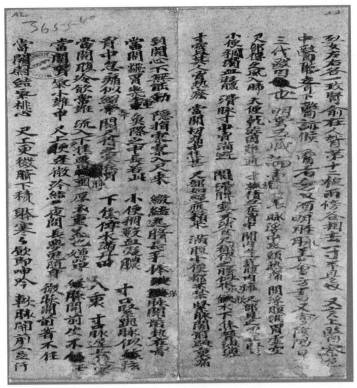

图 6-2-1 《青乌子脉诀》P.3655（1）

【录文】

64. 青乌子脉决（诀）

65. 左右须候四时脉，四十五动为一息[1]；指下如法急紧洪[2]，兼有风毒加热极；指下迟迟脉

66. 沉细，冷病缠身并风气[3]；贼脉频来问五行，屋漏击门[4]终不治；左手中指肝之候[5]。

【校释】

[1] 左右须候四时脉，四十五动为一息：此句与《脉诀·左右手诊脉歌》文字同。《脉诀刊误·卷上·左右手分诊五脏四时脉歌》曰："脉不满五十动一止，一脏无气。《脉诀生死歌》云：五十不止身无病，数内有止皆知病，正本《难经》。今此乃曰四十五动为一息，及六部脉

歌皆以四十五动为准乖于《内经》，谬于名数。今于后六歌，皆当改作五十动为是。且一息者一呼一吸也。四十五动，非止一息也。若以息为止息，则《脉经》所谓五十动不止者，五脏六腑皆受气，即无病。五十动一止五岁死，五动一止五日死。四十五动，除去五动，而不及五十，不知何意？今详此句，想因四时脉而言，或本于《内经》。冬至夏至各四十五日，为阴阳上下之期，一时六气九十日，三气得四十五日，今改为四十五日，以合《内经》。李晞范《脉髓》作四十五动图说，亦巧而未敢信。通真子、洁古诸解穿凿，皆非。盖脉之流行，如环无端，无一息之停，未尝以五十动一止为限。但止即为病，依数而止，期以岁死，不依数而止，则为结、促、代三病脉矣。"当是。

〔2〕指下如法急紧洪：《脉诀》作"指下弦急洪紧时"。《脉诀刊误·卷上·左右手分诊五脏四时脉歌》为"指下弦（浮）急洪紧（数）时"。

〔3〕并风气：《脉诀》为"兼患气"。

〔4〕屋漏击门：《脉诀·左右手诊脉歌》作"屋漏雀啄"。《脉经·卷五·扁鹊诊诸反逆死脉要诀第五》曰："脉病患不病，脉来如屋漏、雀啄者，死（屋漏者，其来既绝而止，时时复起，而不相连属也。雀啄者，脉来甚数而疾，绝止复顿来也）。"

〔5〕左手中指肝之候：据《脉诀·左手寸口心部脉歌》应改为"左手寸口心部脉歌"，涉下而误。

【原文】

P.3655 第 67～79，见图 6-2-2 第 1～13 行。

151

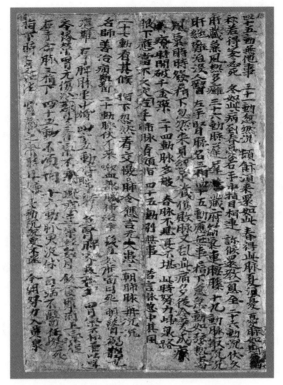

图 6-2-2 《青乌子脉诀》P.3655（2）

【录文】

67. 四十五动[6] 无他事；三十一动忽然沉，顿饭须（忽）来还如此[7]；春得此脉夏须忧，忧（夏）脉如斯死[8]

68. 秋若得之冬必死，冬如此病到春忧；右手中指目相连[9]，诊候还教一息全；二十六动沉伏久[10]，

69. 肝脏兼风热多痌。三十六动脉迟迟[11]，脏腑筋气连腰膝[12]，十九动脉最沉沉，

70. 肝绝难治没人医；左手肾脉名三相，四十五动（五十动）应无事；指下急急动如弦，热毒

71. 风气时时发；指下忽然来见缓，水藏伤败脉又乱；此病多从冷变成，

72. 疗时开破千金窠。二十四动脉多般，春脉不见夏不堪，此时努

力归泉路，

73.眼下应当不久灾[13]。右手肺脉看头指，四十五动（五十动足）别无事，若言脉急中其风[14]，

74.二十七动看其候。指下忽然看交慢[15]，肺冷应言无大患，一朝肺脉再沉沉，

75.名师善治病难医。二十[16]动脉伏不来，嗽血兼脓补治乖，发直如麻当日死[17]，明（名）医扁鹊也

76.应难。右手脾脉连中指，四十五动（五十动足）皆常体[18]，急肾（甚）脾家热极多，胃气不和兼吐逆，

77.本缘荣胃元伤冷，都是三焦气不调，风痰逆气经数月，饮食难消上气促[19]。

78.右手命脉三指下，四十五动（五十）不须怕，十六动脉更沉休，百病不医任癸死。

79.指下时时急如法，肾脏之气时且嫌，七动沉沉更不还，今朝努力入黄泉[20]。

【校释】

[6]四十五动：据《脉经》《难经》改为"五十动"，可参上条注释。以下不一一赘述。

[7]三十一动忽然沉，顿饭须（忽）来还如此：据《脉诀刊误·卷上·左手寸口心脉歌》曰："脉沉，顿饭之久然后来，乃绝止之脉，见于三十一动之间。三十动一止，应在三年死。今云在三月一时之后，是以月为年也。此下六歌之非皆然，当以在后生死候歌为正。"

[8]忧（夏）脉如斯死：《脉诀·卷之四·左手寸口心部脉歌》作"夏若得之秋绝体"。此句应来自《脉经·卷三·心小肠部第二》"其相，春三月（木王火相）；王，夏三月；废，季夏六月；囚，秋七月（金王火囚）；死，冬三月（水王火死）。其王日丙、丁，王时禺中、日中；其困日庚、辛，困时晡时、日入；其死日壬、癸，死时人定、夜半"。据以上而改。

153

［9］右手中指目相连：据上下文及《脉诀·卷之四·左手中指肝部脉歌》应为"左手中指木相连"。

［10］沉伏久：《脉诀·卷之四·左手中指肝部脉歌》作"沉却来"。《脉诀刊误·卷上·左手肝部脉歌》曰："曰沉却来，即是止脉，不可为风热之诊，此歌盖传误。大抵止脉，皆不吉之兆，诸家穿凿以求符合，皆非。今直据诊生死候歌断之，二十动一止，二岁死。下仿此，不再论。"

［11］三十六动脉迟迟：《脉诀·卷之四·左手中指肝部脉歌》作"三十九动涩匿匿"。

［12］脏腑筋气连腰膝：《脉诀·卷之四·左手中指肝部脉歌》作"本脏及筋终绝塞"。

［13］左手肾脉名三相……眼下应当不久灾：《脉诀刊误·卷上·左手尺部肾脉歌》曰："左手肾脉指第三，四十五动（五十动足）无疾咎。指下急急动弦（数）时，便是热风之脉候。忽然来往慢慢极，肾脏败时须且救。此病多从冷变来，疗之开破千金口。二十五动沉却来，肾绝医人无好手。努力黄泉在眼前，纵在也应终不久。"

［14］若言脉急中其风：《脉诀·卷之四·右手寸口肺部脉歌》作"极急明知是中风"。

［15］看交慢：《脉诀·卷之四·右手寸口肺部脉歌》作"来往慢"。

［16］二十：《脉诀·卷之四·右手寸口肺部脉歌》作"十二"。

［17］发直如麻当日死：据《脉诀刊误·卷上·右手寸口肺脉歌》曰："发直如麻，小肠绝也，改作毛折皮枯，以合《难经》手太阴脉绝之证。仲景云：若汗发润，喘不休者，肺先绝。"

［18］皆常体：《脉诀·卷之四·右手关上脾脉歌》作"无诸疑"。

［19］急肾（甚）脾家热极多……饮食难消上气促：据《脉诀刊误·卷上·右手关上脾脉歌》为："右手第二指连脾，四十五动（五十动足）无诸疑。急动名为脾热极，食不能消定若斯。欲知病患多为冷，指下寻之慢极迟。吐逆不定经旬日，胃气冲心得几时。"

［20］右手命脉三指下……今朝努力入黄泉：据《脉诀刊误·卷上·右手尺部命门（肾）脉歌》为："右手命（肾）脉三指下，五十动足不须怕。一十九动默然沉，有死无生命绝也。指下急急动如弦，肾脏有风犹且治。七动沉沉更不来，努力今朝应是死。"

第七章 《玄感脉经》P.3477

【提要】

《玄感脉经》是原卷本有的书题，载于敦煌文献 P.3477，存 69 行文字，首全尾残，无撰者。《玄感脉经》内容可以分为三部分：第一篇有文缺目，主要论述了寸关尺分法、何谓三部九候、为何独取寸口、诊法常以平旦等脉诊的原则问题。第二篇名"捻脉指下轻重脉名类形状第二"，主要论述了持脉轻重法、视人大小长短男女逆顺法、医以己息候病人法与弦、浮、滑、实、革、动、沉、紧、湿、伏、濡、弱、迟、芤、牢、细、缓、虚、软、促、微、结、代 23 种病脉，以及屋漏、雀啄、弹石、解索、虾游、鱼翔 6 种死脉。第三篇名"阴阳逆乘伏第三"，但有目缺文。

纵观《玄感脉经》，其第一部分文字多与《素问》《难经》《脉经》记载相同，第二部分文字则又多与《难经》《脉经》《千金翼方·卷二十五》等医籍记载相同，故认为《玄感脉经》是对《素问》《难经》《脉经》《千金翼方》等古医籍中脉学理论的摘录汇编。

【原文】

P.3477 第 1 ~ 30，见图 7-1 第 1 ~ 30 行。

【录文】

1. 玄感脉经一卷

2. 三部者，谓寸口为上部，近掌。中为关，法人，尺为下部，法[1]。三

3. 部辄相去一寸九[2]分，共成三寸。一法：寸口位八分，关上位三分，尺中位

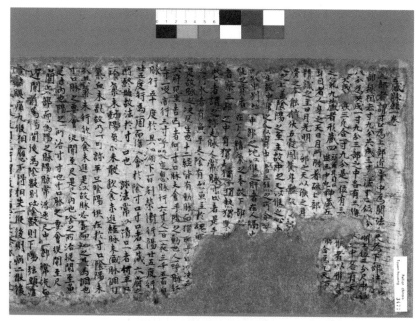

图7-1 《玄感脉经》P.3477（1）

4.八分，为共成一寸九分。三部之中各有三候，□□之中各有天□

5.□[3]，□成□候[4]。三[5]几（凡）合一寸九分，是一位。有（又）三候者，以候九藏

6.之气。九脏者，形脏四：头角、耳目、口齿、凶（胸）中也；神脏五：□□、脾、□□[6]，合为九天。

7.耳、目者，人身之天，日月所附着，故上部[7]

8.精[8]识之主，日月光明，部[9]之天以候之。耳[10]

9.骨之本，能摧伏（腐）五谷，周养身体，故上部[11]

10.人[12]之上盖，阴阳之至主，故中[13]之天以候之。心者，

11.□生，故中部之人以[14]。胷（胸）中者，三焦之所合，

12.□分，中别，故中部之地以候之。肝者，在人隔（膈）中[15]，

13.候之，贤（肾）者，在下，人精气之本，故下部之[16]

14.者，察三部之中，有独大、独小、独热、独寒[17]□□□□□□，

15. 此七者谓之言尔（诊）。夫脉（诊）人常脉，寸口者，是手[18]

16. 之，行水者有鱼，手太阴亦有鱼，主于魂魄[19]

17. 是故脉之决死生也。十二经皆有动脉，而独取寸口以决五[20]

18. 六府死生吉凶者何？寸口，脉大会，手阴[21]之动也。人一呼，脉行

19. 三寸，一吸亦行三寸。呼吸定息，脉行六寸。人一日一夜三千五百息。

20. 脉行五十度于具（身），漏下百刻。荣卫行阳廿五度，行[22]

21. 廿五度，行为一周而复大会于阴[23]寸口。寸口者，五脏六腑之

22. 所终始，故法于寸口也。诊法（脉）常以清旦者何？平旦，

23. 阴气未动，阳气未散，饮食未进，经脉未盛，脉调匀

24. 气血未乱，故乃可诊。平旦阴阳俱在于寸口，阴阳未

25. 分，其气未行，饮食未进，是以故脉必审而知之，其为调也。

26. 寸口，脉之要会。从关至尺，是尺内也，阴之所治。从关至鱼，

27. 是寸内也，阳之所治。寸，寸也，寸口脉之要会。从关至尺

28. 口，关上一部而为阳之脉。阳脉常浮速。尺中一部常沉而

29. 迟。关前为阳，关后为阴。数[24]则吐，阴数则下[25]。阳弦头痛，

30. 腹痛[26]。九候相应，不得相失。一候后则病，二候后

【校释】

[1] 法：根据 S.5614《平脉略例》"夫三部者，寸为上部，近掌也；关为中部也，尺为下部也"，《针灸甲乙经·卷四·三部九候第三》"黄帝问曰：何谓三部？岐伯对曰：上部中部下部，其部各有三候，三候者，有天，有地，有人"，以及文本体例，"法"后应补一"地"字。

[2] 九：根据 S.5614《平脉略例》、P.2115"三部辄相去一寸，共成三寸也"，"九"字当衍。

【按】关于寸、关、尺三部之尺寸，《难经·二难》曰："尺、寸者，脉之大要会也。从关至尺是尺内，阴之所治也；从关至鱼际是寸口内，

阳之所治也。故分寸为尺，分尺为寸。故阴得尺内一寸，阳得寸内九分，尺寸终始，一寸九分，故曰尺寸也。"《难经》以降，中医学主流观点皆持此说。如此句后所言："寸口位八分，关上位三分，尺中位八分，共成一寸九分也。"可知隋唐之际有关于寸、关、尺三部尺寸的一种学说，即此句所谓寸、关、尺各占一寸，共成三寸。隋唐之际的杨上善所著的《黄帝内经太素·卷第三阴阳·阴阳大论》曰："华佗云：尺、寸、关三部各有一寸，三部之地合有三寸。未知此言何所依据。"杨上善认为其没有理论根据。再者，唐代杨玄操《八十一难经注》中引《王叔和脉诀》曰："三部之位，辄相去一寸，合为三寸。"显然《玄感脉经》的编著者亦未对这两种理论详加区分，故将其混抄在一起。

　　[3]□□之中各有天□□：据《黄帝内经太素·卷第十四诊候之一》《针灸甲乙经·卷四·三部九候第三》《备急千金要方·卷一·论诊候第四》《脉经·卷四·辨三部九候脉证第一》《素问·三部九候论》该句应为"三候之中各有天地人"，当是。

　　[4]□成□候：同理，该句应是"共成九候"。

　　[5]三：据上下文补一"部"字。

　　[6]□□、脾、□□：据《黄帝内经太素·卷第十四诊候之一》"九分为九野，九野九脏。故神脏五，形脏四，故为九脏"杨上善注释《吕氏春秋》云："'天有九野，中央曰铂天，东方曰苍天，东北方曰昊天，北方曰玄天，西北方曰幽天，西方曰皓天，西南方曰朱天，南方曰炎天，东南方曰阳天，是谓九天之分。'今此九野以五神脏及四形脏以为九野之分也。五脏藏神，故胆藏□汁，大肠、小肠、胃及膀胱并藏水谷，不同三焦无形，故曰形□□□□□，故不入四脏。又，头角一，口齿二，耳目三，胸中四，并有其形，各藏其气，或曰形脏，并五神脏，合为九脏，以为九野也。"以及《针灸甲乙经·卷四·三部九候第三》《素问·三部九候论》，此句应为"心、肺、脾、肝、肾。"

　　[7]上部：据上下文例及《黄帝内经太素·卷第十四诊候之一》《针灸甲乙经·卷四·三部九候第三》《备急千金要方·卷一·论诊候第

四》关于三部九候对应关系，"上部"后应补"之人以候之"五字。

　　[8] 精：据上下文例及《黄帝内经太素·卷第十四诊候之一》《针灸甲乙经·卷四·三部九候第三》《备急千金要方·卷一·论诊候第四》《素问·三部九候论》"精"前补"头角"二字。

　　[9] 部：据上下文例及《黄帝内经太素·卷第十四诊候之一》《针灸甲乙经·卷四·三部九候第三》《备急千金要方·卷一·论诊候第四》《素问·三部九候论篇》"部"前补"上"一字。

　　[10] 耳：据上下文例及《黄帝内经太素·卷第十四诊候之一》《针灸甲乙经·卷四·三部九候第三》《备急千金要方·卷一·论诊候第四》《素问·三部九候论》"耳"前补"口齿"二字。"耳"涉上而衍。

　　[11] 上部：据上下文例及《黄帝内经太素·卷第十四诊候之一》《针灸甲乙经·卷四·三部九候第三》《备急千金要方·卷一·论诊候第四》《素问·三部九候论》"上部"后补"之地以候之"五字。

　　[12] 人：据上下文例及《黄帝内经太素·卷第十四诊候之一》《针灸甲乙经·卷四·三部九候第三》《备急千金要方·卷一·论诊候第四》《素问·三部九候论》"人"前补"肺者"二字。

　　[13] 中：据上下文例及《黄帝内经太素·卷第十四诊候之一》《针灸甲乙经·卷四·三部九候第三》《备急千金要方·卷一·论诊候第四》《素问·三部九候论》"中"后补"部"一字。

　　[14] 以：据上下文例及《黄帝内经太素·卷第十四诊候之一》《针灸甲乙经·卷四·三部九候第三》《备急千金要方·卷一·论诊候第四》《素问·三部九候论》"以"后补"候之"二字。

　　[15] 中：据上下文例及《黄帝内经太素·卷第十四诊候之一》《针灸甲乙经·卷四·三部九候第三》《备急千金要方·卷一·论诊候第四》《素问·三部九候论》"以"后补"故下部之天"五字。

　　[16] 之：据上下文及《黄帝内经太素·卷第十四诊候之一》《针灸甲乙经·卷四·三部九候第三》《备急千金要方·卷一·论诊候第四》《素问·三部九候论》"之"后补"地以候之"四字。

〔17〕独寒：据文例及《黄帝内经太素·卷第十四诊候之一》《针灸甲乙经·卷四·三部九候第三》《素问·三部九候论》"独寒"后补"独疾、独迟、独陷"六字。

〔18〕寸口者，是手：据Дx00613"手太阴者，寸口是也。寸口者，□□生决（决）于寸口，手太阴法水而行，以水鱼手太阴亦有鱼而象"及《黄帝内经太素·卷第五十二水》《针灸甲乙经·卷一·十二经水第七》《脉经·卷一·辨尺寸阴阳荣卫度数第四》《备急千金要方·卷二十八脉法·平脉大法第一》，可知此条文字关于"寸口"及"十二经水"的重要性。故"手"后补"太阴，受水而行"六字。且与下行"之"字吻合，当是。

〔19〕魂魄：据Дx00613及《黄帝内经太素·卷第五十二水》《针灸甲乙经·卷一·十二经水第七》"夫经水者，受水而行之"，接下文字为关于五脏六腑，"五脏者，合神气魂魄而藏之。六腑者，受谷而行之，受气而扬之"，以及下文关于"五脏六腑"的问题，且本段行文为著者重新调文字次序。因此，大胆推测"魂魄"后为"神气、五脏六腑"六字。

〔20〕五：据上下文及《脉经·卷一·辨尺寸阴阳荣卫度数第四》《备急千金要方·卷二十八脉法·平脉大法第一》《难经·一难》"五"后补"脏"一字。

〔21〕手阴：据《黄帝内经太素·卷第十二营卫气·营五十周》《脉经·卷一·辨尺寸阴阳荣卫度数第四》《备急千金要方·卷二十八脉法·平脉大法第一》《难经·一难》"手阴"当为"手太阴"。

〔22〕行：据《黄帝内经太素·卷第十二营卫气·营五十周》《脉经·卷一·辨尺寸阴阳荣卫度数第四》《备急千金要方·卷二十八脉法·平脉大法第一》《难经·一难》"行"后补"阴亦"二字。

〔23〕阴：据《黄帝内经太素·卷第十二营卫气·营五十周》《脉经·卷一·辨尺寸阴阳荣卫度数第四》《备急千金要方·卷二十八脉法·平脉大法第一》《难经·一难》"阴"后补"手太"二字。

[24] 数：据《备急千金要方·卷二十八脉法·阴阳表里虚实第八》"数"前补"阳"一字。《脉经·卷一·辨脉阴阳大法第九》作"阳数则吐血，阴微则下利"。

[25] 下：据《备急千金要方·卷二十八脉法·阴阳表里虚实第八》《脉经·卷一·辨脉阴阳大法第九》均作"下利"，当是。

[26] 腹痛：据《备急千金要方·卷二十八脉法·阴阳表里虚实第八》《脉经·卷一·辨脉阴阳大法第九》"腹痛"前补"阴弦"二字，当是。

【原文】

P.3477 第 31 ～ 59，见图 7-2 第 4 ～ 32 行。

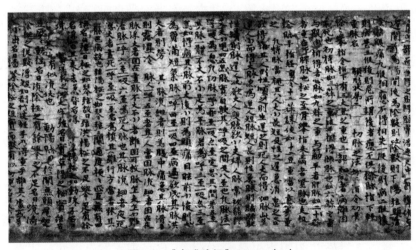

图 7-2 《玄感脉经》P.3477（2）

【录文】

31. 则病甚，三候后则危。所谓后者，应不俱。捻脉指下轻

32. 重脉名　类形状第二　切脉之法，初下指令切骨

33. 徐徐，举指令指下有三大豆之重也。三部和同者，病虽困

34. 不死也。初持脉如三菽之重，皮毛相得，肺脉也。如六菽之重，

35. 与肌肉相得者，心脉[27]。如九菽之重，与筋平者，肝脉。如

十二菽

36.者重，在下，脾脉也。按之至骨，举指来病（疾）者，贤（肾）脉也。夫按

37.捻脉，手指经（轻）重令十二菽铢，使如十二豆重，当以意筹量[28]

38.之。凡持脉，当视其人大小、长短及性之迟急消息之[29]，各

39.欲得称其人形性。顺之则生，逆之则死。人大而得细脉，此为

40.逆。人小而得大脉，亦为逆。人短脉短，人长则[30]。性急脉则蹂（躁）駃（快），

41.性靖（静）则脉迟。人状（壮）（脉）欲大，人瘦脉欲小。夫妇人脉常软弱于

42.丈夫。小儿四、五岁，脉实自駃，其呼吸之间及八至也。几（凡）脉法，一

43.呼一吸为一息。凡切脉，一呼再至，一吸亦（再）至，定息其间并五至，

44.其脉一体，不大不小是为平脉。若为呼[31]三至，一吸亦三至，

45.为如得病。其脉前大后小，则为头痛目眩。前小后大，则

46.为胸满短气。脉一呼四至，一吸四至，病适欲成（甚）。其脉洪

47.大者则劳。其脉沉细者，则为腹中痛急。其脉滑者

48.则露湿冷。脉人一呼五至者，其人当困。脉沉细者，困在夜。

49.脉浮大者，困在昼。脉不大不小者，虽困可救。脉乍大乍小，难

50.治。脉一呼六至，一吸六至，为死人脉也。其脉沉细者夜死，

51.浮大者昼死。一呼[32]至，一吸一至，名为损。其虽行，方当着床。其

52.血脉已病故也[33]。弦，阳。按之如琴弦，三关通度，梗梗正

直，无有曲

53.桡，名曰弦。一曰：按之如琴弦，故曰弦，洪，杨（阳）。按之不足，举足（之）有余，

54.名浮。一曰：其来去急，皆名浮。滑，阳，按之如动珠子，名曰

55.滑。实，阳，按之洪大牢强，名曰实。革，阳，按之实弦，名

56.其[34]脉有似沉伏也。动，阳。脉见于关，无头尾，如大

57.豆厥厥动摇，名曰[35]。沉，阴。按之有余，举之不足，名曰沉。濇，

58.阴。按之促数浮短，如刮竹皮，轻手乃得，重手离其处。或多

59.入小（少）出，名曰濇。紧，阴。按之短实而数，有似切绳，名曰紧。一曰：

【校释】

［27］心脉：S.5614、P.2115"心脉"后有一"也"字。

［28］当以意筹量：S.5614、P.2115作"当与意量之"。

［29］消息之：《备急千金要方·卷二十八脉法·诊百病死生要诀第十五》《千金翼方·卷二十五色脉·诊脉大意第二》《脉经·卷一·平脉视人大小长短男女逆顺法第五》均无此三字。疑著者所加。下同，不再出注。

［30］则：据上下文"则"后应为"脉长"二字。下同，不再出注。

［31］呼：据《脉经·卷四·诊损至脉第五》《难经·十四难》"呼"前补一"一"字。

［32］呼：据《脉经·卷四·诊损至脉第五》《难经·十四难》"呼"后补一"一"字

［33］血脉已病故也：《脉经·卷四·诊损至脉第五》《难经·十四难》均作"血气皆不足故也"。

［34］其：原文破损，据上下文"其"前加"曰革"二字。

［35］曰：据《脉经·卷一·脉形状指下秘决第一》《千金翼方·卷

二十五色脉·诊脉大意第二》"曰"后补一"动"字。

【原文】

P.3477 第 60 ～ 69，见图 7-3 第 5 ～ 14 行。

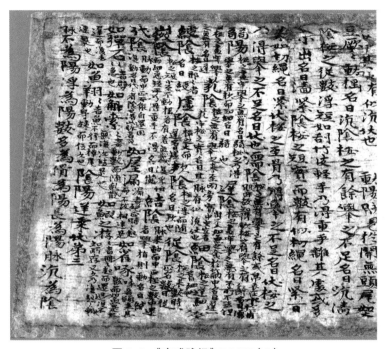

图 7-3 《玄感脉经》P.3477（3）

【录文】

60. 来如切绳，名曰紧。伏[36]。按之至骨乃得，举之不足，名曰伏。按之

61. 乃得，举之不足，名曰伏也。濡，阴。按之无有，举之有余。或[37]帛衣在水于□肌肉，故知得软。按之[38]有，举之有余，名曰濡。

62. 弱，阳[39]。按之尽牢，举之无有，名曰弱。按之乃得，举之无有，软而知（沉）细，名曰弱也。迟，阴。按之尽牢，举之无有，不前不去（却），但出不入，如鱼之食于筋中，名曰迟。一

63. 曰：按之尽牢，举之无有，名曰迟。芤，阴。按之无有，举之

来至，两旁实中央空者芤。牢，按之实，名曰[40]。其脉有似沉伏也。细，阴。按之迟细，名曰细也。

64. 缓，阴。按之那那者，名曰缓。虚，阴。按之大而迟，名曰虚。软，阴。按之浮而随，名曰软也。促，阴。按之来数，时一正（止），名曰促。

65. 微，阴。按之短小，至不动摇，若有若无，或复浮□而细急，轻手乃得，重手不得，名曰微。结，阴。脉来动而中正（止），按之数，中还者，举指则动，名曰结。

66. 代，阴。脉动而中正（止），不能自还，困[41]复动，名曰代。代者，阴也。得此脉者死。如屋漏，漏者，绝正（止），时时起而不故相连是[42]。如雀啄，雀啄者，顿来甚数，而如鱼是也。

67. 如弹石，弹石者，劈劈急也。如解索，解索者，动数而随散乱，无复沉结是也。如虾之游，虾游者，册册（冉冉）起而还退没，不知所存，又久乃复起，乃辄

68. 迟而复去速是也。如鱼翔，鱼翔者，鱼不行而掉尾，动身辣而位久也。阴阳逆乘伏（法）第三

69. 脉不（大）为阳，浮为阳，数多为[43]，滑为阳，长为阳；脉沉为阴

【校释】

［36］伏：原脱，据上下文"伏"后补一"阴"字。

［37］或：原脱，据《千金翼方·卷二十五色脉·诊脉大意第二》"或"后补一"而"字。

［38］之：据《千金翼方·卷二十五色脉·诊脉大意第二》"之"后补一"也"字。

［39］阳：据《千金翼方·卷二十五色脉·诊脉大意第二》改为"阴"。

［40］曰：据《千金翼方·卷二十五色脉·诊脉大意第二》"曰"后补一"牢"字。

〔41〕困：据《千金翼方·卷二十五色脉·诊脉大意第二》"困"后补一"而"字。

〔42〕是：据《千金翼方·卷二十五色脉·诊脉大意第二》"是"后补一"也"字。

〔43〕为：据《千金翼方·卷二十五色脉·诊脉大意第二》"为"后补一"阳"字。

第八章 《五脏脉候阴阳相乘法》

【提要】

《五脏脉候阴阳相乘法》在敦煌文献中凡两见，即 S.5614 和 S.6245，原卷子有篇名，无撰者。其中 S.5614 文字较为完整，S.6245 文字残缺较甚。《五脏脉候阴阳相乘法》主要论述肝、心、脾、肺、肾五脏的生理特点、所主时令、五行归属、四时平脉、五脏五行相乘之脉候表现及其预后。这些内容多可见于《脉经》卷三，《备急千金要方》卷十一、十三、十五、十七、十九及《千金翼方》卷二十五。其体例虽与《脉经》相似，文字表述则与《千金翼方》更为接近。《五脏脉候阴阳相乘法》是 S.5614 原卷本有的书题。

第一节 S.5614

【原文】

S.5614 第 165 ～ 182，见图 8-1-1 第 13 ～ 30 行。

【录文】

165. 五藏（脏）脉候阴阳相乘法

166. 肝者，东方木，万物始生，其气濡弱，宽而虚，故其脉为弦 . 而新张弓弦

167. 者死，肝盛[1]血，血舍魂，悲哀动中则伤[2]魂；魂相（伤）则枉[3]，春，肝木王，其脉弦细而长，

168. 曰王[4]也。反得微长涩而知[5]者，是肺之乘[6]，金克木，十死[7]不治。反得大而洪[8]

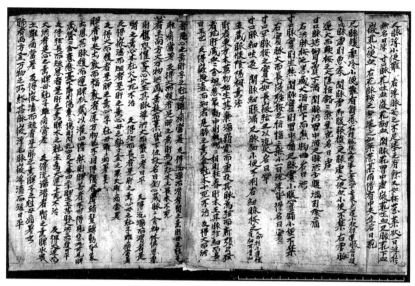

图 8-1-1 《五脏脉候阴阳相乘法甲本》S.5614（1）

169. 者，是心之乘肝，子之克[9]母，虽病当差。反得沉濡而滑者，肾之乘肝，母之克子

170. 虽病当差。反得大而缓者，是脾之乘肝，为土克木，土畏木不死。

171. 心者，主南方火，万物洪盛[10]，乘[11]枝布叶，皆下位[12]，故名曰勾（钩），心藏（藏）脉，脉舍神，怵惕思虑

172. 则伤[13]，恐惧[14]。忧（夏），心火王，其脉浮洪大而散，散者曰平[15]。反得沉濡而滑者，是

173. 肾之乘心，木克火也，十死不治。反得弦而长[16]者，是肝之乘心，母之克子，虽病当差。

174. 反得微涩而矩（短）者，是肝（肺）之乘心，母之克子，金之畏火，虽病当差。

175. 反得大而缓者，是脾之乘心，子克母，虽病差矣。

176. 脾者，中央土，敦而福。敦者，厚。万物色不同，得[17]。福者广。蜎蜚蠕动[18]，皆象[19]。

177. 土恩。其脉缓而迟[20]。脾孤藏以灌四旁，然则脾善者不可得

见，恶乃可见藏[21]。脾

178.藏营，营舍意。愁忧不解则伤意，意伤则闷乱，四支不举。四季脾王土，其脉大洪洪[22]而缓曰平。

179.反得弦长而短急着，是肝之乘脾，木之克土，为大（逆），十死不治。反得大浮而

180.大洪者，是心之乘脾，母克子，虽病当差。反得沉濡滑[23]者，肾之乘脾，水畏

181.土，虽病当差。反得微涩而短者，是肺之乘脾，子之克母，病差也。

182.肺者，西方金，万物之所终。其脉微浮毛浮[24]。脉微浮涩而短[25]曰平。

【校释】

[1]盛：《脉经·卷三·肝胆部第一》及《备急千金要方·卷十一肝脏·肝脏脉论第一》"脏"均作"藏"。"盛"应是"藏"之误抄。

[2]伤：原卷原抄作"相"，后再"相"旁又改一"伤"字，《脉经·卷三·肝胆部第一》及《备急千金要方·卷十一肝脏·肝脏脉论第一》均作"伤"。

[3]枉：《脉经·卷三·肝胆部第一》及《备急千金要方·卷十一肝脏·肝脏脉论第一》此处作"狂妄"，故"枉"应是"狂"之误，形近而误。

[4]王：《脉经·卷三·肝胆部第一》及《备急千金要方·卷十一肝脏·肝脏脉论第一》《千金翼方·卷二十五色脉·诊四时脉第三》均作"平"，当是，形近而误。

[5]微长涩而知："知"为"短"之误。本句《脉经·卷三·肝胆部第一》作"浮涩而短"，《备急千金要方·卷十一肝脏·肝脏脉论第一》"微涩而短"，《千金翼方·卷二十五色脉·诊四时脉第三》作"微浮而短涩"。下文五脏相乘部分凡涉及肺之脉，三本均有差异。据本卷前后文，似以《备急千金要方》所记为是。下文与此不一处，以此为

准，兹不一一出注。

[6] 乘：乘，胜也。《素问·五运行大论》："气有余，则制己所胜而侮所不胜；其不及，则己所不胜侮而乘之，己所胜轻而侮之。"下同。另，据文义，其后脱一"肝"字。

[7] 十死：比如病情之危重。

[8] 大而洪：《脉经·卷三·肝胆部第一》作"洪大而散"；《备急千金要方·卷十一肝脏·肝脏脉论第一》与《千金翼方·卷二十五色脉·诊四时脉第三》均作"浮大而洪"。下文五脏相乘部分凡涉及心之脉，《脉经》与《备急千金要方》均有差异。据本卷前后文，似以《备急千金要方》所记为是。下文与此不同处，以此为准，兹不一一出注。

[9] 克：《备急千金要方·卷十一肝脏·肝脏脉论第一》与《千金翼方·卷二十五色脉·诊四时脉第三》均作"乘"，义同上"乘"字，胜也，下同。

[10] 洪盛：洪，大也。盛，茂盛。洪盛，万物生长繁茂状。

[11] 乘：《脉经·卷三·心小肠第二》及《备急千金要方·卷十三心脏·心脏脉论第一》均作"垂"，是。形近而误。

[12] 下位：《脉经·卷三·心小肠第二》及《备急千金要方·卷十三心脏·心脏脉论第一》均作"下垂如曲"，当是。

[13] 伤：《脉经·卷三·心小肠第二》及《备急千金要方·卷十三心脏·心脏脉论第一》其下脱一"神"字。

[14] 恐惧：《脉经·卷三·心小肠第二》及《备急千金要方·卷十三心脏·心脏脉论第一》其上脱"神伤则"三字。

[15] 其脉浮洪大而数，散着曰平：《脉经·卷三·肝胆部第二》作"其脉洪大而散，名曰平脉"，《备急千金要方·卷十三心脏·心脏脉论第一》作"其脉浮大而散曰平"，《千金翼方·卷二十五色脉·诊四时脉第三》作"其脉浮大而洪者，是平脉也"。据本卷前后文，似应以《千金翼方》本为是。下文与此不同处，以此为准，兹不一一出注。

[16] 弦而长：《脉经·卷三·肝胆部第二》《备急千金要方·卷

十三心脏·心脏脉论第一》《千金翼方·卷二十五色脉·诊四时脉第三》作"弦细而长"。下文五脏相乘部分凡涉及肝之脉，《脉经》与《备急千金要方》均同此。据本卷肝脏部分文，应是。下文与此不同处，以此为准，兹不一一出注。

〔17〕万物色不同，得：《脉经·卷三·脾胃部第三》《备急千金要方·卷十五脾脏·脾脏脉论第一》均作"万物众色不同，故名曰得"。"得"者"德"也。《孟子·告子上》："为宫室之美、妻妾之奉，所识穷乏者得我与？"

〔18〕蜎蜚蠕动：蜎蜚，亦作"蜎飞"，飞，翔义，借指能飞翔的昆虫。蠕动，指爬行的昆虫。蜎蜚蠕动，泛指一切有生之物。《脉经·卷三·脾胃部第三》及《备急千金要方·卷十五脾脏·脾脏脉论第一》此四字之前有"万物悬根住茎，其叶在巅"十字，之后有"蚑蟜喘息"四字。

〔19〕象：《脉经·卷三·脾胃部第三》及《备急千金要方·卷十五脾脏·脾脏脉论第一》均作"蒙"，当是，形近而误。

〔20〕其脉缓而迟：《脉经·卷三·脾胃部第三》及《备急千金要方·卷十五脾脏·脾脏脉论第一》此处作"德则为缓，恩则为迟，故令太阴脉缓而迟"，"其脉缓而迟"大约是此文的概括语。

〔21〕脾善者不可得见，恶乃可见：脾之常脉假于其余四时四脏常脉之中，故曰"善者不可得见"。脾之病脉则有其独特表现，故曰"恶乃可见"。《脉经·卷三·脾胃部第三》及《备急千金要方·卷十五脾脏·脾脏脉论第一》此句之下均有"恶乃可见"的具体表现，其曰："恶者何如？曰：其来如水之流者，此谓太过，病在外；如鸟之喙，此谓不及，病在中。太过则令人四肢沉重不举；其不及，则令人九窍壅塞不通，名曰重强"（《脉经》语，《备急千金要方》无前"曰"字，余同）。

〔22〕洪洪：《脉经·卷三·脾胃部第三》及《备急千金要方·卷十五脾脏·脾脏脉论第一》均作"阿阿"，《千金翼方·卷二十五色脉·诊四时脉第三》作"穰穰"。阿通"婀"。"阿阿"，柔和貌。《诗经·小雅·卷二十五·隰桑》"隰桑有阿"，郑玄笺："隰中有桑，枝条阿

阿然长美。""穰穰",丰收貌。《诗经·商颂·烈祖》:"丰年穰穰。"引为
雍和之象。疑"洪洪"为"穰穰"之误。

［23］沉濡滑:《脉经·卷三·脾胃部第三》及《备急千金要方·卷
十五脾脏·脾脏脉论第一》《千金翼方·卷二十五色脉·诊四时脉第三》
均作"沉濡而滑"。据本卷肝脏、心脏部分文,应是。下文五藏相乘部
分与此不同处,以此为准,兹不一一出注。

［24］其脉微浮毛:据前后文例,S.6245、9437、9443、8289残片缀
合本《脉经》及《脉经·卷三·肺大肠不第三》,其后当脱"肺藏气,气
舍魂。喜乐无极则伤魄,魄伤则狂。狂者意不存人。秋,肺王金"等语。

［25］微浮涩而短:《脉经·卷三·肺大肠部第三》作"浮涩而短",
《备急千金要方·卷十七肺脏·肺脏脉论第一》作"微涩而短",《千金
翼方·卷二十五色脉·诊四时脉第三》作"微浮而短涩"。

【原文】

S.5614第183～191,见图8-1-2第1～10行。

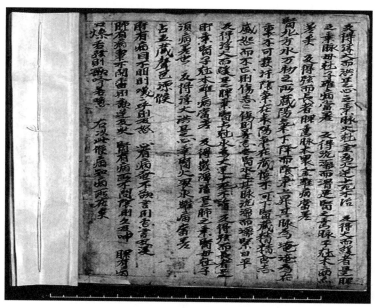

图 8-1-2 《五脏脉候阴阳相乘法》甲本 S.5614(2)

【录文】

183. 反得浮大而洪，是心之乘脉[26]，火克金，为火（大）逆，十死不治。反得大而缓者，是脾

184. 之乘脉（肺），母克子，虽病当差。反得沉濡而滑，是肾之乘脉（肺），子克木[27]，病亦

185. 差矣。反得弦而长者，脾[28]乘脉（肺），木畏金，虽病当差。

186. 肾，北方水，万物之所藏，阳气不降而阴气上升。其脉为淹[29]。淹为在

187. 里，不可發（发）汗。阴气在表，阳气在藏，慎不可下。肾藏精，精舍志。

188. 盛怒而不止，则伤志。志伤则善忘。冬，肾水王，其脉沉濡而濡紧[30]曰平。

189. 反得浮大而缓，是脾乘肾，土克水，为大逆，十死不治。反得弦而长者，是

190. 肝乘肾，子克木（母），虽病当差。反得微濡涩，是肺之乘肾，母克子，

191. 须病差也。反得浮大洪，是心乘肾，火畏水，虽病当差。

【校释】

[26] 脉："肺"之误。形近而误。下同。

[27] 木："母"之误。音同而误。

[28] 脾："肝"之误。

[29] 淹：《脉经·卷三·肺大肠部第三》《备急千金要方·卷十七肺脏》均作"沉"。考汉唐古医籍，亦未见有"淹"脉者，"淹"疑是"沉"之误。

[30] 沉濡而濡紧：《脉经·卷三·肺大肠部第三》《备急千金要方·卷十七肺脏》《千金翼方·卷二十五色脉·诊四时脉第三》均作"沉濡而滑"。

第二节 S.6245

【原文】

S.6245 第 1 ～ 11，见图 8-2-1 第 1 ～ 11 行。

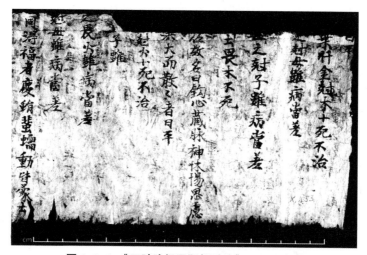

图 8-2-1 《五脏脉候阴阳相乘法》S.6245（1）

【录文】

1.乘[1]肝，金克木，十死不治。

2.克[2]母，虽病当差（瘥）。

3.之[3]克子，虽病当差（瘥）。

4.畏[4]木，不死。

5.故[5]名曰钩。心藏脉神，怵惕思虑

6.大而散散者，曰平。

7.克火，十死不治。

8.子，虽

9.畏火，虽病当差（瘥）。

10.母，虽病差（瘥）矣。

11. 得福者庆，蜎蜚蠕动，皆蒙土

【校释】

［1］乘：据 S.5614《五脏脉候阴阳相乘法》（甲本）"乘"之前应有"反得微涩而短者，是肺之乘肝，金之克木"十六字。

［2］克：据 S.5614《五脏脉候阴阳相乘法》（甲本）、《备急千金要方·卷十一肝脏·肝脏脉论第一》与《千金翼方·卷二十五色脉·诊四时脉第三》"克"之前应有"反得浮大而洪者，是心之乘肝，子之"十四字。

［3］之：据 S.5614《五脏脉候阴阳相乘法》（甲本）及校释"之"前应有"反得沉濡而滑者，肾之乘肝，母"十二字。

［4］畏：据 S.5614《五脏脉候阴阳相乘法》（甲本）及校释"畏"前应有"反得大而缓者，是脾之乘肝，为土克木，土"十六字。

［5］故：据 S.5614《五脏脉候阴阳相乘法》（甲本）及校释"之"前应有"心者，主南方火，万物洪盛，乘枝布叶，皆下位"十七字。下同，不一一出注。

【原文】

S.6245 第 12～20，见图 8-2-2 第 2～10 行。

【录文】

12. 然则脾善者不可淂（得）见，恶乃可见

13. 伤则闷乱，四支（肢）不举。四季睥（脾）土王（旺），其

14.

15. 故十死不治。

16. 尅（克）子，病当差（瘥）。

17. 水畏土，故当瘥。

18. 克母，故当瘥。

19. 平。肺藏气，之（气）舍魂。人喜乐。

20. 浮濇而矩（短），曰平。

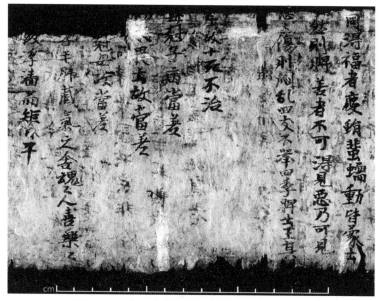

图 8-2-2 《五脏脉候阴阳相乘法》S.6245（2）

【原文】

S.6245 第 21 ～ 29，见图 8-2-3 第 2 ～ 9 行。

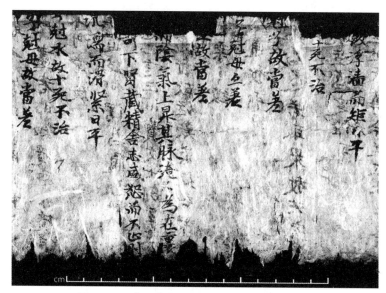

图 8-2-3 《五脏脉候阴阳相乘法》S.6245（3）

【录文】

21. 十死不治。

22. 子，故当瘥。

23. 尅（克）母，亦瘥。

24. 故当瘥。

25. 阴气上升，其脉淹（沉），沉为在里。

26. 下。肾藏精，舍（舍）志，盛恕（怒）而不止，则

27. 濡而滑紧，曰平。

28. 克水，故十死不治。

29. 子克母，故当瘥。

【原文】

S.6245 第 30 ～ 34，见图 8-2-4 第 2 ～ 3 行。

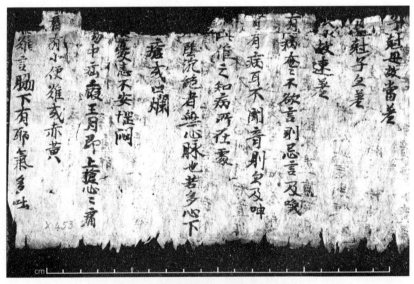

图 8-2-4 《五脏脉候阴阳相乘法》S.6245（4）

【录文】

30. 克子，亦瘥。

31. 故速瘥。

第九章　《占五脏声色源候》

【提要】

《占五脏声色源候》在 S.5614 卷中为第 4 种内容（第 192 ～ 195 行），共 4 行，无残缺，有篇名，首尾完整。其在敦煌文献中凡两见，即 S.5614 和 S.6245。《占五脏声色源候》是 S.5614 原卷本有的书题。主要是通过五脏与五官、情志、五声等的配属关系，论述五脏病的症状。《占五脏声色源候》在 S.6245 卷子中为第二种内容（第 32 ～ 34 行）（图 8-2-4），与 S.5614（第 192 ～ 195 行）（图 9-2-1）文字内容同。《占五脏声色源候》内容多见于《难经》。

【原文】

S.5614 第 192 ～ 195，见图 9-2-1 第 10 ～ 13 行。

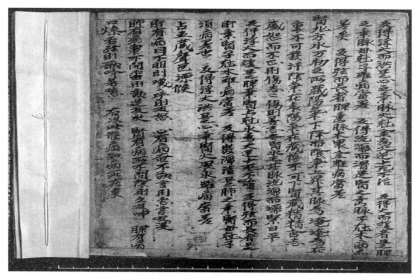

图 9-2-1　《占五脏声色源候》S.5614

【录文】

192.《占五脏声色源候》

193.肝有病，目不明，则唤唤（唤唤）呼，则及怒[1]。心有病，奄不欲言[2]，忘言[3]及渼[4]

194.肺有病，鼻不开开（闻）香，则歊逆及哭。肾有病，所不闻阴[5]，则久[6]及呻。脾（脾）有病

195.口燥舌弦[7]，则歌吟善噫[8]。右以此候病，知病所在矣

【校释】

[1]则唤唤呼，则及怒：《难经·三十四难》载："肝色青……其声呼。"据后文五窍病证之下有一个"则"字，"则"后言五声及五脏气文例，此处当作"则唤唤及怒"。

[2]奄不欲言："奄"当为"卷"之误，其前脱一"舌"字。"欲"当为"能"之误。皆形近而误。《灵枢经·五阅五使》："黄帝曰：愿闻五官。岐伯曰：鼻者，肺之官；目者，肝之官也；口唇者，脾之官也；舌者，心之官也；耳者，肾之官也。黄帝曰：以官何候？岐伯曰：以候五脏。故……心病者，舌卷短，颧赤。"

[3]忘言：《难经·三十四难》载："心色赤，其声言。"《难经·四十九难》载："当谵言妄语。何以言之？肺主声，入肝为呼，入心为言，入脾为歌，入肾为呻，自入为哭，故知肺邪入心为，谵言妄语也。"故心有病当"妄言"，此"忘言"为"妄言"之误。

[4]渼

【按】《医碥·卷五·四诊》"闻声"下载："肝声呼，心声言、笑。脾胃声歌，又为哕。肺声哭，又为咳。肾声呻，又为欠，为嚏。"又考，"笑"有异体字作"咲"，故此"渼"恐为"笑"之误。

[5]所不闻阴：S.6245作"耳不闻音"，当是。

[6]久：S.6245作"欠"，应是，形近而误。

[7]口燥舌弦：弦者紧也。口燥舌弦即舌因口中干燥而觉发紧。

[8]善噫：《难经·十六难》载："假令得肝脉，其外证：善洁，面

青，善怒……假令得心脉，其外证：面赤，口干，喜笑……假令得脾脉，其外证：面黄，善噫，善思，善味……假令得肺脉，其外证：面白，善嚏，悲愁不乐，欲哭……假令得肾脉，其外证：面黑，善恐欠。"《说文》"噫，饱食息也"，指胃中之气从口中而出。

【原文】

S.6245 第 32 ～ 34，见图 8-2-4 第 4 ～ 6 行。

【录文】

32. 有病，奄奄不欲言，则忌言及唤。

33. 肾有病，耳不闻音，则欠及呻。

34. 此候之，知病所在处。

【校释】

参见 S.5614。

附录　敦煌诊法类文献研究汇要

关于《伤寒杂病论》的几个问题

何爱华

摘要：张仲景的《伤寒杂病论》著于东汉末年建安纪年后期，年湮代远，辗转抄传，遂产生内容不同的抄本和传本。哪种抄本和传本是仲景的原著？一直有争议。笔者近年来曾对这种问题发表过见解。随着认识的不断深入，笔者认为，对这个问题仍有再考察的必要。为此，提出浅见如下，请批评指正。

［河南中医，1983（1）：7-10.］

敦煌石室医药文献类萃

张绍重　刘晖桢

甘肃中医学院中医研究院

摘要：20世纪初，在甘肃省敦煌莫高窟藏经洞中，发现了一批古书及文物。据研究，这些文物可能是公元1000年左右为避西夏兵燹而封存到石窟中去的。由于当地气候干燥，致使这些古书卷轴越九百余年而得以奇迹般地保存下来。这批珍贵遗书的发现，是我国文化史上的一件大事。

［甘肃中医学院学报，1984（0）：31-35+67.］

敦煌石窟医学史料辑要

赵健雄　徐鸿达　王道坤　黄祝龄　宋东眷　赵福礼

甘肃中医学院　敦煌县中医院

摘要：在浩如烟海的敦煌遗书中，有许多珍贵的医药文献，现分医经、本草、医方三方面，概述如下。

［敦煌学辑刊，1985（2）：115–121.］

敦煌医学卷子研究概述

朱定华　王淑民

中国中医研究院医史文献研究室

摘要：敦煌卷子即指公元 10～11 世纪之间，收藏在敦煌千佛洞莫高窟中，为隋唐前后抄写的大批卷子书籍。公元 1899 年，莫高窟道士王圆箓在清扫今编十六号窟甬道时，无意中发现藏有大量经卷的石室，内存各种卷子三万余。其内容多为佛经，也有不少史籍、方志、杂家、书契、语言、文学、艺术、医学等书籍。

［中医杂志，1986（4）：57–59.］

敦煌石窟医学卷子概览

王淑民　王咪咪

中国中医研究院医史文献研究室

摘要：敦煌石窟医学卷子是祖国医学宝库中一份极其珍贵的遗产，从本期起本刊《敦煌医籍》专栏，将陆续介绍有关资料及研究动态，以飨读者。

［上海中医药杂志，1987（1）：42–43.］

试论敦煌遗书中医药文献的价值

赵健雄

兰州医学院

摘要：1900 年，举世闻名的敦煌莫高窟藏经洞内，发现了封存九百余年的五万卷珍贵的文献资料，现称为"敦煌遗书"。敦煌遗书中的医药文献，计五十余卷，其中医经十余卷、本草七卷、医方三十余卷。现就其学术价值，略陈管见，敬请指正。

［兰州医学院学报，1987（1）：103–106.］

敦煌卷子《内经》考

王咪咪

中国中医研究院医史文献研究室

摘要：本文所述《内经》中《素问·三部九候论》及《灵枢·邪气脏腑病形》中的部分文字均系 1899 年莫高窟十六号窟出土，属于医药卷子之一，现存法国巴黎图书馆，编号为伯希和氏 P.3287、P.3481。本文向大家介绍迄今为止所发现的《内经》最早古传本的部分文字，并将其与现传世本作一对照，为深入研究《内经》的流传、内容的演变，以及版本的选择提供依据。

［上海中医药杂志，1987（3）：38–40.］

敦煌脉书《玄感脉经》初探

王淑民

中国中医研究院医史文献研究室

摘要：据目前所知，敦煌脉书约有七部，即《玄感脉经》《平脉略例》《五脏脉候阴阳相乘法》《青乌子脉诀》《七表八里脉三部脉》《亡名氏脉经第一种》《亡名氏脉经第二种》等。《玄感脉经》，卷子高 27cm，存 69 行文字，现存法国巴黎国立图书馆，编号 P.3477。

［上海中医药杂志，1987（8）：35–36.］

敦煌莫高窟中的脉诀著作

王淑民

中国中医研究院医史文献研究室

摘要：敦煌莫高窟出土的卷子中有两部脉诀著作，其一为《七表八里三部脉》，其二为《青乌子脉诀》。两部脉诀均用七言歌诀文体编写而成。《七表八里三部脉》记载了"七表脉""八里脉"、寸关尺三部俱见脉。"七表脉"，指七种表脉在寸、关、尺三部出现所主疾病。"八里脉"，指八种里脉在寸、关、尺三部出现所主疾病。

［上海中医药杂志，1988（7）：40–42.］

《青乌子脉诀》《七表八里三部脉》释文

王淑民

中国中医研究院医史文献研究室

摘要：《青乌子脉诀》：左右须候四时脉，四十五动为一息。指下如法急紧洪，兼有风毒加热极。指下迟迟脉沉细，冷病缠身并风气。贼脉频来问五行，屋漏击门终不治。左手中指肝之候，四十五动无他事。三十一动忽然沉，顿飰（饭）须来还如此。春得此脉夏须忧，夏脉如斯死到秋。秋若得之冬必死，冬如此病到春忧。右手中指目相连，诊候还教一息全。二十六动沉伏久，肝脏兼风热多痫。三十六动脉迟迟，脏腑筋气连腰膝。十九动脉最沉沉，肝绝难治没人医。左手肾脉名三相，四十五动应无事。

［上海中医药杂志，1988（8）：46–47.］

敦煌写本《伤寒论·辨脉法》考析

赵健雄

兰州医学院

摘要：敦煌写本《伤寒论·辨脉法》，见于敦煌遗书 S.202 的第一至五页，原件现藏英国伦敦博物馆。笔者据其缩微胶片考读，首尾稍残，书题阙脱，全文墨笔抄写。从其内容辨析，与今本《伤寒论·辨脉法》篇大致相同。从卷中所用血、衄、微等字，对照其他敦煌卷子，可证其抄写于唐代。

［甘肃中医，1989（1）：34-35.］

敦煌遗书"残医书"卷考析

赵健雄

兰州医学院

摘要：作者将敦煌遗书 P.3287 卷的主要内容，包括三部九候脉法、表里两感脉病治则、相类脉及四季主王各脏脉象、诊脉法及寸口脉分部主病、论脉证治等，参照《素问》《伤寒论》《脉经》《备急千金要方》等书的有关部分进行了考证辨析，认为此卷所载更接近古本，且保留了一些今已散佚的医论和医方。

［中国医药学报，1989（1）：53-55.］

试探敦煌遗书对研究仲景学说之价值

陈清林　李海东　童增华

青海乐都职业学校　青海医学院

摘要：在内容丰富的敦煌遗书中，有关医学的卷子填补了我国汉晋以及隋唐时期的医药学文献的空白。对我们今天的研究，无论是医学理论或是诊断学、本草学、方剂学、针灸学等，都提供了大量宝贵的原始资料。其中部分残卷的整理挖掘，为仲景学说的研究提供了早期的文献依据，有极其重要的价值。以下从三方面略作阐述。

［甘肃中医学院学报，1990（4）：20-21.］

敦煌遗书医学卷考析

赵健雄　苏彦玲

兰州医学院

摘要：迄今所见，敦煌遗书医学残卷至少在 60 卷以上，加上佛经等卷中散见的医学内容，总计近百卷。这是祖国医学的一批瑰宝，具有很高的学术价值。前人系统整理者不多，《敦煌遗书总目索引》（以下简称《总目》）介绍欠详或缺目。今就笔者研究所及，分为医经、针灸、本草、医方四类考析如下，并提出定名意见。

［敦煌研究，1991（4）：99-102.］

继敦煌残卷中发现《内经》古诊法后的再发现

马继兴

中国中医研究院中国医史文献研究所

摘要：在《素问·三部九候论》中的小腿部诊脉法，因原文有所缺损，不能得到确切的解释。根据《针灸甲乙经》和《黄帝内经太素》予以对核，并通过敦煌出土的古医书残卷，明确了这一古诊脉法原文的涵义。此后，马王堆汉墓医书的出土，张家山汉墓医书的出土，对于上述《内经》诊法中的个别文字与考证结果，不仅阐明了小腿诊脉法具有悠久的历史渊源，而且纠正了存在于《内经》等传世古医书中个别文字的误解，使古诊法的应用得到更全面地认识。

［上海中医药杂志，1991（5）：38-40.］

《伤寒论》部分原文质疑

朱倩　刘士敬　钱超尘

甘肃省中医院　北京中医学院　甘肃省中医院

摘要：《伤寒杂病论》，成书于东汉末年。至魏晋，原书已散失不全，晋·王叔和整理其伤寒部分，成《伤寒论》。宋代校正医书局又编撰整理,颁行全国。东汉末至北宋,历经了八百余年,仲景之书时隐时现,世人对其进行的文字增补、内容加工、体例改革确属难免,只以敦煌残卷《伤寒论·辨脉法》(抄于唐代)而论,和赵开美摹刻宋木相比,两者文字多处有异、内容有别。由此可知八百年流传期间,原书面貌已大有改变。

[中医研究,1992(2):23-24.]

敦煌中医药学的内涵及其学术价值

丛春雨

甘肃中医学院

摘要:敦煌学和敦煌中医药学20世纪初叶,随着敦煌莫高窟藏经洞的打开,在洞内沉睡了将近900年的四、五万件六朝、隋唐写本和木刻本籍在人间得以重新露面。这些写本书籍涉及我国古代封建社会千余年间政治、经济、军事、历史、哲学、宗教、民族、语言、文学、艺术、医学及中西文化交流等各个方面,是20世纪人类文化史上的重要发现。一些外国人闻风而至,把大部分敦煌文献盗劫至国外,各国学者也各就其治学范围,对这批古代文献资料进行研究,成绩斐然。

[中国中西医结合杂志,1992(11):688-689.]

《俄藏敦煌文献》第七卷介绍

李明权

摘要:《俄藏敦煌文献⑦》由俄中合编,上海古籍出版社1966年5月出版。共收集 Дx00601 至 Дx01184 号共500余件,绝大部分为1、2页的残片。内容以涉及各部类的佛经居多。

[敦煌研究,1996(4):181-182.]

谈敦煌古医籍的学术成就和文献价值

丛春雨

甘肃省科学技术协会

摘要：敦煌学是当今国际学术上的一门显学，它是以敦煌遗书、敦煌石窟艺术、敦煌学理论为主，兼及敦煌历史、地理为研究对象的一门学科。这门学科所涉及的范围非常广泛，大凡中古时代的宗教、民族、文化、政治、经济、历史、地理、文学、哲学、科技、医药、卫生等各门学科，都可以利用敦煌资料，或填补空白，或纠正前人的错误，或改变某些传统的说法。

［中医文献杂志，1997（4）：1-3.］

宋本《伤寒论》与宋前《伤寒论》传本的比较研究

田思胜　胡永和

山东中医药大学文献研究所　山东省阳谷县卫生局

摘要：宋本《伤寒论》即明·赵开美的复宋刻本，实为复宋本。由于影印逼真，后世均称宋本，在此，亦称宋本，但林亿校定的原刻本早已不见。赵氏于1599年以前刊刻金·成无己的《注解伤寒论》，刊印后，又得到宋版《伤寒论》，并于1599年予以复刻，他在刻《仲景全书·序》中说："复得宋本《伤寒论》焉。予曩固知成注非全文，及得是书，不啻拱璧，转卷间而后知成之荒也，因复并刻之，所以承先大夫之志钦。"并与《注解伤寒论》《金匮玉函方论》以及《伤寒类证》合辑成为《仲景全书》。我们今天所见到的称作宋本的《伤寒论》即指此本。此外，经反复翻刻现能见到的宋前《伤寒论》传本有《脉经》本、《千金要方》本、《千金翼方》本、《外台秘要》本和敦煌残本。现将宋本《伤寒论》与宋前《伤寒论》传本作一比较，可以发现《伤寒论》的流传脉络及宋前校勘整理情况。

［国医论坛，1998（5）：3-5.］

俄国现藏的中国出土古医药文献

马继兴

中国中医研究院医史文献研究室

摘要：本文将在俄罗斯科学院东方研究所圣彼得堡分所所属爱尔米塔日博物馆的中国黑城馆内所收藏的 20 世纪初由俄国组织的探险队在中国广大西北地区发掘出土的古代文献遗存中有关医药学文献部分，就目前该国已对外公开的内容作了提纲式的探讨。全文首先记述了该国所藏这类文献的出土及其收藏情况，其次分别对俄人在敦煌、黑城及和阗等地出土有关医药文献的馆藏编号，相应的书名、撰者、保藏情况及其内容等逐一加以评述。

[中华医史杂志，1999（1）：3-5.]

敦煌医理、藏医、本草、针灸类著作的近期研究概况

李应存　李勃

甘肃中医学院　甘肃省中医药研究院

摘要：敦煌遗书中的医学卷子，据《敦煌古医籍考释》所载，就有104 卷（种）之多，这也是在既知我国出土医学卷子中为数最丰富的。

[甘肃中医，1999（3）：3-5.]

四个英藏敦煌脉书残卷的缀辑研究

王淑民

中国中医研究院医史文献研究室

摘要：伦敦大英图书馆藏敦煌写卷中，有四份残卷具有共同特点，它们是 S.6245V、S.8289、S.9431V、S.9443V。首先，四份残卷全部残存写卷的下半部；其次，四份残卷的墨色、书法、行款均相同；第三，写卷所用纸质、色相相同；第四，书写的古脉法"平三关阴阳二十四气脉"的内容贯穿四个残卷中。据此，可将四份残卷连缀起来，并可统称

为《脉书残卷》。

［敦煌研究，2001（4）：129-133.］

S.202《伤寒论》写本校证

王杏林　许建平

浙江大学汉语史研究中心　浙江大学汉语史研究中心

摘要：对 S.202《伤寒论》写本的整理与校勘，前人已做过不少的工作，但是仍然存在着不少的问题。本文重新对残卷进行了校证工作，得札记 16 条。

［敦煌学辑刊，2003（2）：58-65.］

宋本《伤寒论》刊行前《伤寒论》文献演变简史

王立子

北京中医药大学

摘要：从汉末（约公元 206 年前后）《伤寒杂病论》成书至宋校正医书局校订刊行《伤寒论》的治平二年（公元 1065 年），张仲景著作在其流传过程中分化为多种不同卷数或不同内容的传本，并在历代史志目录中留下了不同的记载，本论文拟从整理考证相关文献资料的角度，全面反映宋本《伤寒论》刊行前《伤寒论》文献演变简史……宋本《伤寒论》刊行前有关《伤寒论》的医学文献资料有敦煌《伤寒论》残卷、《金匮玉函经》《脉经》《备急千金要方》卷九、《千金翼方》卷九卷十、《太平圣惠方》卷八、《小品方》残卷、《辅行诀脏腑用药法要》及《诸病源候论》……我们可以看到，《伤寒论》在其成书之后的时代更替中，得到了历代医家的认可，并通过传抄、辑录的不同方式广泛流传，影响至今。

［北京中医药大学学报，2004.］

俄藏敦煌文献 Дx00613 "《黄帝内经》《难经》摘录注本" 录校

李应存　李金田　史正刚

甘肃中医学院

　　摘要：俄藏敦煌文献 Дx00613，在《俄藏敦煌文献》第七册中将其定名为"黄帝内经素问卷六"，马继兴先生根据卷子特点将其命名为"《黄帝内经古传本第一种》亡名氏注"。经仔细辨认后发现，其内容不单指《黄帝内经素问卷六·三部九候论篇》，而且还有类似《黄帝内经·灵枢》及《难经·第一难》中的内容。此外，Дx00613 第 16 行"生决于寸口"后有两行小字注文。认为该卷子系隋唐医家摘录《内经》《难经》有关原文后，又杂以己见，并在部分原文后作注而成，故将其定名为"《黄帝内经》《难经》摘录注本"较为合适。Дx00613 残存 28 行文字，分别对其进行了录校，并进一步阐发了所选内容的现实意义。

［甘肃中医学院学报，2005（3）：21-23.］

俄藏敦煌文献 Дx17453《黄帝内经素问》"刺疟篇""气厥论篇" 录校

李应存　李金田　史正刚

兰州大学敦煌学研究所　甘肃中医学院

　　摘要：俄藏敦煌文献 Дx17453 在《俄藏敦煌文献》第十七册中将其定名为"黄帝内经素问"残卷，其内容系指《黄帝内经素问卷第十·刺疟篇第三十六》最后部分的内容及《黄帝内经素问卷第十·气厥论篇第三十七》开头部分的内容。《俄藏敦煌文献》第十七册中将其定名为"黄帝内经素问"是准确的。Дx17453 残存 9 行文字，系行书书写，首尾均残。作者分别对其进行了录校，并进一步阐发了残卷内容的现实意义。

［甘肃中医，2005（11）：14-15.］

俄藏敦煌文献 Дх08644 "《脉经》节选本" 录校

李应存　李金田　史正刚

兰州大学敦煌学研究所　甘肃中医学院

摘要：据考证俄 Дх08644，主要是从《脉经·脉形状指下秘决第一》及《脉经·平三关病候并治宜第三》中节选的内容，在文字表述上略有不同，作者暂将其定名为 "《脉经》节选本" 并录校于此。此段文字主要论述了尢脉的脉形及寸、关、尺三部中浮（沉）脉与伏脉的所主病证。

［甘肃中医学院学报，2005（3）：21–23.］

俄罗斯藏敦煌医药文献的学术价值初探

李应存　李金田　史正刚

甘肃中医学院

摘要：俄罗斯藏敦煌医药文献来源于俄国地理学会派遣的鄂登堡为首的第二次中亚考察队 1914 年 8 月 20 日至 1915 年 1 月 26 日在中国敦煌所获得的文物。其中写卷部分藏于今俄罗斯科学院东方研究所圣彼得堡分所，从 1992 年开始，在上海古籍出版社的努力下，由俄罗斯孟列夫、中国钱伯城主编的《俄藏敦煌文献》至 2001 年底已出版 17 册。目前已知经整理的俄藏编号达一万九千多卷号，俄藏敦煌医学文献散见于俄藏敦煌文献中，目前已知有近 30 个卷号之多，值得深入研究。今从六个方面对其学术价值进行了初探，包括：①供《内经》研究之参考；②早期的《脉经》节选本；③妇科秘方；④《五脏论》书新发现；⑤开启童蒙重医药；⑥中印医学相互交流。

［中医药通报，2006（3）：33–38.］

英藏斯．碎．181 脉法残片考——兼推黑城文献之下限

惠宏

宁夏医学院中医学院

摘要：英藏斯．碎．181 脉法残片，马继兴先生将其辑入敦煌医药文献，拟题为"不知名脉法残片"。这实际上是斯坦因第 3 次中亚探险所获黑水城遗物。残片内容与成书于 1406 年的《普济方》之《伤寒门·平脉法》第二部分内容完全相同，可拟题为"《伤寒门·平脉法》残片"。该残片是否出自《普济方》，决定着黑水城文献的下限是否后移。

［时珍国医国药，2006（10）：2060–2061.］

俄藏脉法文献《平脉略例》残卷考释

惠宏

宁夏医学院中医学院

摘要：藏于俄国、编号为 Дx02869A、Дx06150、Дx08644 的 3 件敦煌写本残卷，均系唐以前无名氏所编写的医学著作《平脉略例》。3 件残卷分属两个类别，其中 Дx02869A、Дx06150 为同一写卷。这是目前在敦煌文献中发现的《平脉略例》的第 4 个和第 5 个写本。这一文献在当时应该是和张仲景的《五脏论》《五脏脉候阴阳乘法》《占五脏声色源候》一起互相传抄的。

［时珍国医国药，2007（10）：2446–2447.］

宋臣校定本《伤寒论》的文献研究

张蕾

山东中医药大学

摘要：《伤寒论》是东汉末年张仲景所撰《伤寒杂病论》中的外感病部分。成书后不久，即散乱流失，西晋王叔和对其进行了首次整理。

在后人传抄过程中，《伤寒论》形成了多个不同传本。宋臣校定本因其内容完备，且经过全面、细致的校勘，保留了大量校勘资料，是研究《伤寒论》的较好版本。作为经典医籍，历代学者对于《伤寒论》文献方面的一些问题，已有相当数量的探讨，但时至今日，在《伤寒杂病论·序》、"辨脉法""平脉法""伤寒例""法文"、诸可与不可、大字小字校文等内容上，依然有一些问题存在争议，尚无定论。本文运用传统文献学方法，以赵开美刊刻本为研究对象，结合《伤寒论》的早期别传本与传文，在经过大量比勘工作、掌握详尽资料的基础上，对宋臣校定本《伤寒论》进行了全面、系统的文献研究，就以上问题作出了客观分析和深入探讨；提出了"辨脉法""平脉法"为仲景著作中原有内容、"伤寒例"应成于王叔和、"法文"并非"397法"。"397法"是指六经至劳复篇条文数、诸可与不可篇及三阴三阳篇并非源于同一传本等观点；进而彰显"平脉法""辨脉法""伤寒例""法文"、诸可与不可等各部分内容的学术价值和文献价值。

［山东中医药大学学报，2007.］

关于俄藏敦煌文献 Дx2683、Дx11074 残片的定名

王杏林

浙江大学古籍研究所　浙江海洋学院萧山科技学院

摘要：俄藏敦煌文献 Дx2683、Дx11074 残片，《俄藏敦煌文献》将其定名为《黄帝内经素问》，李应存定名为《〈黄帝内经〉节选残卷》。本文经过研究，认为其所抄录之内容当为《针灸甲乙经》卷六之《阴阳大论第七》与《正邪袭内生梦大论第八》残文，故将其定名为《针灸甲乙经（阴阳大论、正邪袭内生梦大论）》。

［敦煌学辑刊，2010（4）：105-108.］

俄罗斯藏敦煌医学文献《黄帝内经》写本释要

李应存

甘肃中医学院敦煌医学研究所

摘要：俄罗斯藏敦煌医学文献中的《黄帝内经》写本目前发现的有三种，即《黄帝内经》节选残卷（Дх02683、Дх11074）、《黄帝内经素问》"刺疟篇""气厥论篇"（Дх17453）、《黄帝内经》《难经》摘录注本（Дх00613）。本文结合传世医书对其内容及学术价值进行了释要。

［甘肃省卫生厅、庆阳市人民政府.中国庆阳2011岐黄文化暨中华中医药学会医史文献分会学术会论文集［C］.甘肃省卫生厅、庆阳市人民政府：中华中医药学会，2011：10.］

俄罗斯藏敦煌《针灸甲乙经》节选充实残本释要

李应存　李金田　史正刚

甘肃中医学院

摘要：《针灸甲乙经》是中医针灸学的重要典籍，目前敦煌医学卷子中已发现了两种与之相关的写本，其一为P.3481《针灸甲乙经·卷之四病形脉诊》残本，其二为俄罗斯藏 Дх00235、Дх00239、Дх03070《针灸甲乙经》节选充实残本。这两种写本都是现今《针灸甲乙经》的最早传本，比现存最早的版本明代《古今医统正脉全书》要早得多。

［中国针灸学会.首届皇甫谧故里拜祖大典暨《针灸甲乙经》学术思想国际研讨会论文集［C］.中国针灸学会：中国针灸学会，2012：6.］

敦煌医学宝藏奇葩——敦煌医学的学术和研究价值探析

李金田　朱向东　李应存　戴恩来　金华

甘肃中医学院

摘要：文章从文献和历史的视角解析了敦煌医学的内涵及其医学体系的归属和学术价值、研究成果。敦煌医学中的医学内容涵盖范围非常广泛，具有重要的学术价值，其中的医学内容填补了隋唐前后医学典籍之空白，为古医籍的校勘和辑佚提供了重要依据，是对古佚"经方"的重要发现。敦煌医学中的医药学术成就丰富多彩，涉及医学理论、脉学知识、本草精华、方剂大成、针灸真髓、道医佛医等方面的内容，对中医学的研究和发展有重要的补充作用，尤其是别具一格敦煌壁画形象医学，是中医象思维的生动描绘，其中的练功运动卫生保健诊疗疾病等壁画内容，对养生保健也非常有指导意义。敦煌医学研究，硕果累累，涉及理论、文献、临床、开发等各个方面。

［中国现代中药，2013，15（02）：166-168.］

出土文献与《黄帝内经素问·三部九候论》互证一则

袁国华（Kwok-WaYuen）

国立中国医药研究所

摘要："以左手足上，上去踝五寸按之，庶右手足当踝而弹之，其应过五寸以上蠕蠕然者不病，其应疾中手浑浑然者病，中手徐徐然者病，其应上不能至五寸，弹之不应者死。"以上见于《黄帝内经素问·三部九候论》中的文字，描述腿部脉诊方法。由于语法特殊，句读亦欠通顺，文意未易确解。前此马继兴教授曾征引敦煌卷子以及张家山汉简等材料加以析论，多所发明，成果为学者推崇。今拟藉此例，说明文献学、小学等研究方法之运用在中医典籍训读之重要价值，并提出与旧说未尽相同的意见，以就教于博雅君子。疏陋不足之处，尚望有以教之。

［中医药杂志，2013，24（S1）：87-94.］

敦煌文献《不知名氏辨脉法之二》《玄感脉经》考论三则

田永衍

兰州大学敦煌学研究所　甘肃中医药大学敦煌医学与

转化教育部重点实验室

摘要：《不知名氏辨脉法之二》是《敦煌中医药全书》对敦煌 P.3287

卷子第五部分，即原卷第 67 ～ 149 行文字的命名。《玄感脉经》在敦煌出土文献中编号 P.3477。本文对《不知名氏辨脉法之二》与《玄感脉经》记载的"右肾及手心主合三焦""头角者，精识之主"、寸关尺命名与分部等三个医学问题进行了考论，梳理了其源流、辨析了其正误、论述了其中医学术价值。

［敦煌学辑刊，2014，（04）：105-110.］

英藏敦煌中医药文献疑难字词考证

朱若林

南京中医药大学

摘要：英藏敦煌中医药文献是敦煌文献的重要部分，抄写于唐五代之前，内容丰富，涉及中医基础理论、诊断、方剂、本草、针灸等，其中多个卷子所载内容后世医书均未见收录，其文献价值可见一斑。汉字作为承载文献的基石，正确辨识敦煌文献文字，方能研究阐发。英藏敦煌中医药文献为手抄卷子，字体以行书为主，又夹杂部分草书，故而产生了颇多疑难字词。研究英藏敦煌中医药文献的著作、论文颇多，成果丰富，但就文字辨识而言，仍有颇多值得商榷之处。本论文以英藏敦煌中医药文献的疑难字词为研究对象，并参考《敦煌古医籍考释》《敦煌医药文献辑校》《敦煌中医药全书》《敦煌古医籍校证》《英藏敦煌医学文献图影与注疏》的考释，重新比对原图，运用文字学、训诂学及校勘学知识，结合医理，进行考证，提出了个人创见，相信能解决一些文字辨识问题，纠正或补充既有研究中的一些错误或不足。此外，本论文还整理出了医方卷子中现存多数方的概况。

［南京中医药大学学报，2014.］

敦煌文献《平脉略例》《玄感脉经》考论三则

田永衍

兰州大学敦煌学研究所　甘肃中医药大学敦煌医学与
转化教育部重点实验室

摘要：《平脉略例》一书在敦煌出土文献中凡三见，即 S.5614、P.2115、S.6245，其中以 S.5614 的文字较为完整。《玄感脉经》一卷，在敦煌出土文献中编号 P.3477。此文对《平脉略例》与《玄感脉经》记载的"诊法常以平旦"、持脉轻重、"平人一日一夜一万三千五百息"等三个医学问题进行了考论，梳理了其源流、辨析了其正误、论述了其中医学术价值。

［敦煌学辑刊，2015，1（03）：58-62.］

论《脉书》"相脉之道"的诊断价值

王宝华

首都医科大学中医药学院

摘要："相脉之道"是张家山《脉书》中论述脉诊法的重要内容。对相脉之道的文字考证，以及其中弹脉法的具体操作，研究较充分。但目前对于《脉书》相脉之道的诊断价值研究仍较欠缺。通过对相脉之道中弹脉法、比较脉法、固动脉法 3 种脉诊法内容的考察，参照《内经》脉诊法内容，认为弹脉法的价值主要在于决预后死生、定有无疾病；比较脉法和固动脉法的价值，则是通过不同的方式，判断病位所在。

［北京中医药，2015，34（9）：720-722.］

敦煌医药文书整理

张永萍

甘肃民族师范学院历史文化系

摘要：敦煌遗书中现已发现的医学卷子百余卷，内容丰富，为研究古代医学提供了证据，但是文献涉及范围广、内容繁杂，不易梳理头绪。笔者以现已公布出版的英藏、法藏、俄藏等敦煌文献为底本，参考马继兴《敦煌医药文献辑校》，并融合了丛春雨、王淑民等人的研究，对敦煌医药文书进行了梳理，分类整理，列成目录，以便研究者参考。

［甘肃高师学报，2016，21（7）：17-21.］

俄法两个敦煌卷子缀合与相关研究

沈澍农

南京中医药大学基础医学院

摘要：原出敦煌藏经洞的俄藏卷子 Дx00613 后部和法藏卷子 P.3287 前部，内容都与传世本《素问》中的《三部九候论》相对应。Дx00613 尾部和 P.3287 首部都有残缺，但可据《素问·三部九候论》相应条文拟补，而形成尾首相接。此外，两卷子行宽一致，缀接处残损的高度相似，接口曲线较为吻合，接纸长度一致，书式一致，字形笔迹相似，因而证明两个残卷原出一卷，是同一卷子断离的两截。

［中医药文化，2017，12（4）：4-11.］

敦煌医药文献研究 -- 校勘与疑难俗字考释

汤伟

河北大学

摘要：敦煌学是"因地名学"，这就决定了它的性质：敦煌学是一门包罗万象的交叉学科。因此，学者在进行敦煌文献研究时必须具有立体的眼光，从不同学科的角度加以考察。由于敦煌学内容上的复杂性，各专业学者的通力合作就显得尤为重要。敦煌宝藏发现一百多年来，敦煌文献大都得到了很大程度的研究。敦煌医药文献直到 20 世纪 80 年代才进入全面系统研究的阶段。经过三十多年的发展，敦煌医药文献研究取得了令人瞩目的成绩。然而，除了医药学之外，敦煌医药文献尚未引起其他专业学者的足够重视。有鉴于此，我们从文献学、语言文字学两个角度，主要运用"校法四例""以形考字"和"以用考字"等方法，对敦煌医药文献重新进行考察研究，力求完善以往整理研究中的不足，充分挖掘敦煌医药文献的学术价值。本文共分5章。其中，第3章、第4章是本文的主体部分。第1章是绪论，介绍了本课题的研究对象、研究现状、研究内容和方法。第2章是对敦煌医药写卷的文献学研究。主要从文本特点、用语特色、抄写年代和残片缀合四个方面对敦煌医药写卷的文献学特征进行了考察，补正了前人在敦煌写卷文献学研究上的一些失误和不足。第3章是对敦煌医药文献的校勘。第1节"诸家校理失误补正"对敦煌医药文献诸整理本中的校勘失误进行了补正。第2节"敦煌医药写卷校补"对诸整理本中的失校之处进行了补充校勘。本章对敦煌医药文献的重新校理有助于还原敦煌医药文献的真实面貌。第4章着重对敦煌医药文献中困惑学者已久的疑难俗字作了考释。首次就敦煌医药文献中疑难俗字进行较大规模的集中研究，是深度清理敦煌医药文献文本的一次尝试。本章以敦煌医药文献为研究对象，运用和验证了疑难俗字研究的理论和成果。第5章从语言文字学、大型字书编纂和中医药古籍整理三个方面论述了敦煌医药文献研究的意义和价值。

［河北大学学报，2017.］

敦煌本与今本《三部九候论》比较研究

汤伟

周口师范学院文学院

摘要：学界对敦煌中医药文献做了深入、系统的研究，取得了令人瞩目的成绩，然而在异文研究方面尚显薄弱。本文综合利用语言文字学、校勘学的相关知识对敦煌本与今本《三部九候论》进行了比较研究，分析了异文产生的原因，为中医药文献的整理与研究提供了参考。

［敦煌研究，2018（3）：107–112.］

S.202：《金匮玉函经》的古传本

沈澍农

南京中医药大学

摘要：与敦煌医药卷子 S.202 相对应的源文献，日本学者主张是《金匮玉函经》，中国学者多主张是《伤寒论》。从内容的有无、避讳的异同、文本的出入三方面作详细考察，可以确认 S.202 应属《金匮玉函经》古传本。并且，从避讳情况考察，首次确定了 S.202 应抄于南朝陈代。

［敦煌研究，2018（4）：89-99.］

敦煌卷子 S.202 与传世本《金匮玉函经》异文举隅

赖雪瑜　王育林

北京中医药大学

摘要：从研究写本原卷的角度出发，将敦煌卷子 S.202 与传世本《金匮玉函经》逐字对照，通过版本校勘的方法，全面搜集所有异文，力求从文字学、音韵学、训诂学的角度对其进行分类、举例探讨。

［中医药导报，2019，25（11）：18-21.］

参考文献

［1］吴树平点校 . 十三经［M］.2 版 . 北京：北京燕山出版社，2007.

［2］张仲景 . 金匮玉函经影印本［M］. 北京：人民卫生出版社，1955.

［3］李顺保 . 伤寒论版本大全 . 宋本伤寒论［M］. 北京：学苑出版社，
2000.

［4］田代华整理 . 黄帝内经素问［M］. 北京：人民卫生出版社，2005.

［5］田代华，刘更生整理 . 灵枢经［M］. 北京：人民卫生出版社，
2005.

［6］王叔和撰 . 贾君，郭君双整理 . 脉经［M］. 北京：人民卫生出版社，
2007.

［7］吴谦编 . 郑金生整理 . 医宗金鉴［M］. 北京：人民卫生出版社，
2006.

［8］太平惠民和剂局编 . 刘景源整理 . 太平惠民和剂局方［M］. 北京：
人民卫生出版社，2007.

［9］龙伯坚，龙式昭 . 黄帝内经集解 . 素问［M］. 天津：天津科学技术
出版社，2016.

［10］龙伯坚，龙式昭 . 黄帝内经集解 . 灵枢［M］. 天津：天津科学技
术出版社，2016.

［11］张印生，韩学杰 . 孙思邈医学全书［M］.2 版 . 北京：中国中医药
出版社，2015.

［12］王怀隐 . 太平圣惠方［M］. 北京：人民卫生出版社，1958.

［13］明·李梴 . 医学入门［M］. 北京：中国中医药出版社，1995.

［14］汉·许慎撰，宋·徐铉校 . 说文解字［M］. 上海：上海古籍出版
社，2007

［15］朱熹.诗经［M］.上海：上海古籍出版社，1987.

［16］郭沫若.离骚今译［M］.北京：人民文学出版社，1958.

［17］汉·班固撰.唐·颜师古注.汉书［M］.北京：中华书局，1985.

［18］清·王念孙.广雅疏证［M］.上海：上海古籍出版社，1984.

［19］明·张介宾.张景岳著.范志霞校注.类经［M］.北京：中国医药
科技出版社，2011.

［20］司马迁.史记［M］.3版.北京：北京燕山出版社，2007.

［21］宋书功.金匮要略广注校诠［M］.北京：人民卫生出版社，994.

［22］杨雄撰.郭璞注.方言［M］.北京：中华书局，1985.

［23］张登本.王焘医学全书［M］.3版.北京：中国中医药出版社，
2013.

［24］陈延之撰.高文铸辑校.小品方辑校［M］.北京：中国中医药出
版社，1995.

［25］葛洪.抱朴子［M］.上海：上海古籍出版社，1990.

［26］刘渡舟.伤寒论校注［M］.1版.北京：人民卫生出版社，1991.

［27］孙桐.难经（文白对照中医古典名著精品丛书）［M］.北京：中国
医药科技出版社，1998.

［28］杨上善.黄帝内经太素［M］.北京：中医古籍出版社，2016.

［29］郭霭春.八十一难集注［M］.北京：中华书局，1987.

［30］顾野王.大广益会玉篇［M］.天津：天津科学技术出版社，1984.

［31］许叔微撰.刘景超，李具双校注.普济本事方［M］.北京：中国
中医药出版社，2007.

［32］华佗.中藏经［M］.北京：学苑出版社，2007.

［33］戴启宗.脉诀刊误［M］.北京：中华书局，1985.

［34］郭霭春.黄帝内经.灵枢校注语释［M］.天津：天津科学技术出
版社，1989.

［35］黄元御撰.孙国中，方向红点校.素问悬解［M］.北京：学苑出
版社，2008.

［36］钱超尘.伤寒论文献通考［M］.北京：学苑出版社，1993.

［37］沈澍农.中医古籍用字研究［M］.北京：学苑出版社，2007.

［38］马继兴.敦煌古医籍［M］.南昌：江西科学技术出版社，1988.

［39］丛新雨.敦煌中医药精粹发微［M］.北京：中医古籍出版社，
2000.

［40］马继兴，王淑民辑校.敦煌医药文献辑校［M］.南京：江苏古籍
出版社，1998.

［41］袁仁智，潘文.敦煌医药文献真迹释录［M］.北京：中医古籍出
版社，2016.

［42］李应存，李金田著.俄罗斯藏敦煌医药文献释要［M］.兰州：甘
肃科学技术出版社，2008.

［43］李正宇.敦煌学导论［M］.兰州：甘肃人民出版社，2008.

［44］皇甫谧撰.黄龙祥整理.针灸甲乙经［M］.北京：人民卫生出版
社，2017.

［45］田永衍.敦煌医学文献与传世汉唐医学文献的比较研究［M］.兰
州：甘肃文化出版社，2018.

［46］沈澍农.敦煌吐鲁番医药文献新辑校［M］.北京：高等教育出版
社，2016.